Saveurs Chinoises en Cuisine
Un Voyage Gourmand en Orient

Élodie Chen

Table des matières

Bœuf croustillant à la sauce curry *10*
Bœuf braisé au curry *11*
Bœuf Sauté au Curry *12*
Boeuf à l'Ail *13*
Boeuf au Gingembre *14*
Boeuf Cuit Rouge au Gingembre *16*
Boeuf aux Haricots Verts *17*
Bœuf chaud *18*
Râpés de bœuf chauds *19*
Boeuf au Mangetout *21*
Boeuf Braisé Mariné *22*
Bœuf Sauté et Champignons *23*
Bœuf Sauté Mariné *24*
Boeuf Braisé aux Champignons *26*
Bœuf Sauté aux Nouilles *28*
Bœuf aux nouilles de riz *29*
Bœuf aux oignons *30*
Boeuf et petits pois *31*
Bœuf craquelé aux oignons sautés *32*
Bœuf aux écorces d'orange séchées *33*
Boeuf à la Sauce aux Huîtres *34*
Boeuf au Poivre *35*
Steak au poivre *36*
Boeuf aux Poivrons *37*
Râpés de bœuf sautés aux poivrons verts *38*
Bœuf aux cornichons chinois *39*
Steak aux pommes de terre *40*
Boeuf Cuit Rouge *41*
Boeuf Salé *42*
Boeuf haché *43*
Bœuf effiloché façon familiale *44*
Bœuf épicé émincé *46*

Bœuf mariné aux épinards *47*
Bœuf aux haricots noirs et oignons nouveaux *49*
Bœuf sauté aux oignons nouveaux *50*
Bœuf et oignons nouveaux avec sauce de poisson *51*
Bœuf cuit à la vapeur *52*
Ragoût de bœuf *53*
Poitrine de bœuf mijotée *54*
Sauté au boeuf *55*
Lanières de steak *57*
Bœuf cuit à la vapeur et patates douces *58*
Filet de bœuf *59*
Toasts de boeuf *60*
Bœuf râpé au tofu et au piment *61*
Boeuf aux Tomates *62*
Bœuf Cuit Rouge Aux Navets *63*
Boeuf aux Légumes *64*
Ragoût de boeuf *66*
Steak farci *67*
Raviolis au Bœuf *69*
Boulettes de viande croustillantes *70*
Bœuf haché aux noix de cajou *72*
Boeuf à la Sauce Rouge *73*
Boulettes de Bœuf au Riz Gluant *74*
Boulettes de viande à la sauce aigre-douce *75*
Pouding à la viande cuit à la vapeur *77*
Boeuf Haché à la Vapeur *78*
Haché Sauté à la Sauce aux Huîtres *79*
Rouleaux de boeuf *80*
Boulettes de boeuf et épinards *81*
Bœuf Sauté au Tofu *82*
Agneau aux asperges *83*
Agneau au Barbecue *84*
Agneau aux Haricots Verts *85*
Agneau braisé *86*
Agneau au Brocoli *87*
Agneau aux Châtaignes d'Eau *88*

Agneau au chou	90
Chow Mein à l'Agneau	91
Curry d'agneau	92
Agneau Parfumé	94
Cubes d'agneau grillés	95
Agneau au Mangetout	96
Agneau mariné	97
Agneau aux Champignons	98
Agneau à la Sauce aux Huîtres	99
Agneau Cuit Rouge	100
Agneau aux oignons nouveaux	101
Steaks d'agneau tendres	102
Ragoût d'agneau	103
Agneau Sauté	105
Agneau et Légumes	106
Agneau au Tofu	107
Agneau rôti	109
Agneau rôti à la moutarde	110
Poitrine d'agneau farcie	111
Agneau au four	112
Agneau et Riz	113
Agneau de saule	114
Porc aux Amandes	115
Porc aux Pousses de Bambou	116
Porc au Barbecue	117
Porc et germes de soja	118
Poulet aux Pousses de Bambou	120
Jambon cuit à la vapeur	121
Bacon au chou	122
Poulet aux amandes	123
Poulet aux amandes et châtaignes d'eau	125
Poulet aux amandes et légumes	126
Poulet à l'anis	127
Poulet aux abricots	129
Poulet aux asperges	130
Poulet aux Aubergines	131

Poulet enroulé de bacon	*132*
Poulet aux germes de soja	*133*
Poulet à la sauce aux haricots noirs	*134*
Poulet au Brocoli	*135*
Poulet au chou et cacahuètes	*136*
Poulet aux noix de cajou	*137*
Poulet aux Châtaignes	*139*
Poulet au piment fort	*140*
Poulet Sauté au Piment	*141*
Côtelette de poulet Suey	*143*
Poulet chow mein	*145*
Poulet épicé frit croustillant	*146*
Poulet Frit au Concombre	*148*
Curry au poulet et au piment	*149*
Curry de poulet chinois	*150*
Poulet au cari rapide	*151*
Poulet au curry avec pommes de terre	*152*
Cuisses de poulet frites	*154*
Poulet Frit avec Sauce Curry	*155*
poulet ivre	*156*
Poulet salé aux œufs	*157*
Rouleaux aux œufs de poulet	*159*
Poulet braisé aux œufs	*161*
Poulet d'Extrême-Orient	*163*
Poulet Foo Yung	*164*
Foo Yung au jambon et au poulet	*165*
Poulet Frit au Gingembre	*166*
Poulet au gingembre	*167*
Poulet au gingembre, champignons et châtaignes	*168*
Poulet doré	*169*
Ragoût de poulet doré mariné	*170*
Pièces d'or	*172*
Poulet cuit à la vapeur avec du jambon	*173*
Poulet à la sauce Hoisin	*174*
Poulet au miel	*175*
Poulet Kung Pao	*176*

Poulet aux Poireaux	*177*
Poulet au citron	*178*
Sauté de poulet au citron	*180*
Foies de poulet aux pousses de bambou	*181*
Foies de poulet frits	*182*
Foies de volaille au mange-tout	*183*
Foies de poulet avec crêpes aux nouilles	*184*
Foies de poulet à la sauce aux huîtres	*185*
Foies de poulet à l'ananas	*186*
Foies de poulet aigre-doux	*187*
Poulet aux litchis	*188*
Poulet à la sauce litchi	*189*
Poulet au Mange-tout	*191*
Poulet aux mangues	*192*
Melon farci au poulet	*193*
Sauté de poulet et champignons	*194*
Poulet aux Champignons et Cacahuètes	*195*
Poulet Sauté aux Champignons	*197*
Poulet cuit à la vapeur et aux champignons	*198*
Poulet aux oignons	*199*
Poulet à l'orange et au citron	*200*
Poulet à la sauce aux huîtres	*201*
Colis de poulet	*202*
Poulet aux cacahuètes	*203*
Poulet au beurre de cacahuète	*204*
Poulet aux petits pois	*205*
Poulet de Pékin	*206*
Poulet aux poivrons	*207*
Poulet Sauté aux Poivrons	*209*
Poulet et Ananas	*211*
Poulet à l'ananas et aux litchis	*212*
Poulet au Porc	*213*
Poulet braisé aux pommes de terre	*215*
Poulet aux cinq épices avec pommes de terre	*215*
Poulet cuit au rouge	*216*
Rissoles de poulet	*217*

Poulet Salé *218*
Poulet à l'huile de sésame *219*
Poulet au Xérès *220*
Poulet à la sauce soja *221*
Poulet au four épicé *222*

Bœuf croustillant à la sauce curry

Pour 4 personnes

1 œuf battu

15 ml/1 cuillère à soupe de farine de maïs (amidon de maïs)

5 ml/1 cuillère à café de bicarbonate de soude (bicarbonate de soude)

15 ml/1 cuillère à soupe de vin de riz ou de xérès sec

15 ml/1 cuillère à soupe de sauce soja

225 g/8 oz de bœuf maigre, tranché

90 ml/6 cuillères à soupe d'huile

100 g de pâte de curry

Mélangez l'œuf, la maïzena, le bicarbonate de soude, le vin ou le xérès et la sauce soja. Incorporer le bœuf et 15 ml/1 cuillère à soupe d'huile. Faites chauffer le reste de l'huile et faites sauter le mélange de bœuf et d'œufs pendant 2 minutes. Retirez le bœuf et égouttez l'huile. Ajoutez la pâte de curry dans la poêle et portez à ébullition puis remettez le bœuf dans la poêle, remuez bien et servez.

Bœuf braisé au curry

Pour 4 personnes

45 ml/3 cuillères à soupe d'huile d'arachide
5 ml/1 cuillère à café de sel
1 gousse d'ail, écrasée
450 g/1 lb de steak de paleron, coupé en cubes
4 oignons nouveaux (oignons verts), tranchés
1 tranche de racine de gingembre, hachée
30 ml/2 cuillères à soupe de curry en poudre
15 ml/1 cuillère à soupe de vin de riz ou de xérès sec
15 ml/1 cuillère à soupe de sucre
400 ml/14 fl oz/1¬œ tasses de bouillon de bœuf
15 ml/1 cuillère à soupe de farine de maïs (amidon de maïs)
45 ml/3 cuillères à soupe d'eau

Faites chauffer l'huile et faites revenir le sel et l'ail jusqu'à ce qu'ils soient légèrement dorés. Ajouter le steak et incorporer l'huile, puis ajouter les oignons nouveaux et le gingembre et faire revenir jusqu'à ce que la viande soit dorée de tous les côtés. Ajoutez la poudre de curry et faites sauter pendant 1 minute. Incorporer le vin ou le xérès et le sucre puis ajouter le bouillon, porter à ébullition, couvrir et laisser mijoter environ 35 minutes jusqu'à ce que le bœuf soit tendre. Mélangez la maïzena et l'eau pour obtenir une pâte, incorporez-la à la sauce et laissez mijoter en remuant jusqu'à ce que la sauce épaississe.

Bœuf Sauté au Curry

Pour 4 personnes

225 g/8 oz de bœuf maigre
30 ml/2 cuillères à soupe d'huile d'arachide
1 gros oignon, tranché
30 ml/2 cuillères à soupe de curry en poudre
1 tranche de racine de gingembre, hachée
15 ml/1 cuillère à soupe de vin de riz ou de xérès sec
120 ml/4 fl oz/¬Ω tasse de bouillon de bœuf
5 ml/1 cuillère à café de sucre
15 ml/1 cuillère à soupe de farine de maïs (amidon de maïs)
45 ml/3 cuillères à soupe d'eau

Tranchez finement le bœuf contre le grain. Faites chauffer l'huile et faites revenir l'oignon jusqu'à ce qu'il soit translucide. Ajoutez le curry et le gingembre et faites sauter quelques secondes. Ajouter le bœuf et faire sauter jusqu'à ce qu'il soit juste doré.

Ajoutez le vin ou le xérès et le bouillon, portez à ébullition, couvrez et laissez mijoter environ 5 minutes jusqu'à ce que le bœuf soit cuit. Mélangez le sucre,

la fécule de maïs et l'eau, incorporer dans la casserole et laisser mijoter en remuant jusqu'à ce que la sauce épaississe.

Boeuf à l'Ail

Pour 4 personnes

350 g/12 oz de bœuf maigre, tranché

4 gousses d'ail, tranchées

1 piment rouge, tranché

45 ml/3 cuillères à soupe de sauce soja

45 ml/3 cuillères à soupe d'huile d'arachide

5 ml/1 cuillère à café de farine de maïs (amidon de maïs)

15 ml/1 cuillère à soupe d'eau

Mélangez le bœuf avec l'ail, le piment et 30 ml/2 cuillères à soupe de sauce soja et laissez reposer 30 minutes en remuant de temps en temps. Faites chauffer l'huile et faites frire le mélange de bœuf pendant quelques minutes jusqu'à ce qu'il soit presque cuit. Mélangez le reste des ingrédients pour obtenir une pâte, incorporez-les à la poêle et continuez à faire sauter jusqu'à ce que le bœuf soit cuit.

Boeuf au Gingembre

Pour 4 personnes

15 ml/1 cuillère à soupe d'huile d'arachide
450 g/1 lb de bœuf maigre, tranché
1 oignon, tranché finement
2 gousses d'ail, écrasées
2 morceaux de gingembre confit, tranché finement
15 ml/1 cuillère à soupe de sauce soja
150 ml/¬° pt/généreuse ¬Ω tasse d'eau
2 branches de céleri, tranchées en diagonale
5 ml/1 cuillère à café de sel

Faites chauffer l'huile et faites revenir le bœuf, l'oignon et l'ail jusqu'à ce qu'ils soient légèrement dorés. Ajouter le gingembre, la sauce soja et l'eau, porter à ébullition, couvrir et laisser mijoter

25 minutes. Ajoutez le céleri, couvrez et laissez mijoter encore 5 minutes. Saupoudrer de sel avant de servir.

Boeuf Cuit Rouge au Gingembre

Pour 4 personnes

450 g/1 lb de bœuf maigre

2 tranches de racine de gingembre, hachées

4 oignons nouveaux (oignons verts) hachés

120 ml/4 fl oz/¬Ω tasse de sauce soja

60 ml/4 cuillères à soupe de vin de riz ou de xérès sec

400 ml/14 fl oz/1¬œ tasse d'eau

15 ml/1 cuillère à soupe de cassonade

Mettre tous les ingrédients dans une casserole à fond épais, porter à ébullition, couvrir et laisser mijoter en retournant de temps en temps pendant environ 1 heure jusqu'à ce que le bœuf soit tendre.

Boeuf aux Haricots Verts

Pour 4 personnes

225 g/8 oz de rumsteck, tranché finement
30 ml/2 cuillères à soupe de farine de maïs (amidon de maïs)
15 ml/1 cuillère à soupe de vin de riz ou de xérès sec
15 ml/1 cuillère à soupe de sauce soja
30 ml/2 cuillères à soupe d'huile d'arachide
2,5 ml/¬Ω cuillère à café de sel
2 gousses d'ail, écrasées
225 g de haricots verts
225 g/8 oz de pousses de bambou, tranchées
50 g/2 oz de champignons, tranchés
50 g de châtaignes d'eau tranchées
150 ml/¬° pt/généreuse ¬Ω tasse de bouillon de poulet

Placez le steak dans un bol. Mélangez 15 ml/1 cuillère à soupe de maïzena, le vin ou le xérès et la sauce soja, incorporez à la viande et laissez mariner 30 minutes. Faites chauffer l'huile avec le sel et l'ail et faites revenir jusqu'à ce que l'ail soit légèrement doré. Ajouter la viande et la marinade et faire sauter pendant 4 minutes. Ajoutez les haricots et faites sauter pendant 2 minutes.

Ajouter le reste des ingrédients, porter à ébullition et laisser mijoter 4 minutes. Mélangez le reste de maïzena avec un

un peu d'eau et incorporez-la à la sauce. Laisser mijoter en remuant jusqu'à ce que la sauce soit claire et épaissie.

Bœuf chaud

Pour 4 personnes
450 g/1 lb de bœuf maigre
6 oignons nouveaux (oignons verts), tranchés
4 tranches de racine de gingembre
15 ml/1 cuillère à soupe de vin de riz ou de xérès sec
15 ml/1 cuillère à soupe de sauce soja
4 piments rouges séchés, hachés
10 grains de poivre
1 gousse d'anis étoilé
300 ml/¬Ω pt/1¬° tasse d'eau
2,5 ml/¬Ω cuillère à café d'huile de piment

Mettez le bœuf dans un bol avec 2 oignons nouveaux, 1 tranche de gingembre et la moitié du vin et laissez mariner 30 minutes. Portez une grande casserole d'eau à ébullition, ajoutez le bœuf et faites bouillir jusqu'à ce qu'il soit scellé.

de tous les côtés, puis retirez-les et égouttez-les. Mettez le reste des oignons nouveaux, le gingembre et le vin ou le xérès dans une casserole avec les piments, les grains de poivre et l'anis étoilé et ajoutez l'eau. Portez à ébullition, ajoutez le bœuf, couvrez et laissez mijoter environ 40 minutes jusqu'à ce que le bœuf soit tendre. Retirez le bœuf du liquide et égouttez-le bien. Tranchez-le finement et disposez-le sur une assiette de service chaude. Servir arrosé d'huile de piment.

Râpés de bœuf chauds

Pour 4 personnes

150 ml/¬° pt/généreuse ¬Ω tasse d'huile d'arachide
450 g/1 lb de bœuf maigre, tranché contre le grain
45 ml/3 cuillères à soupe de sauce soja

15 ml/1 cuillère à soupe de vin de riz ou de xérès sec

1 tranche de racine de gingembre, hachée

1 piment rouge séché, haché

2 carottes, râpées

2 branches de céleri, tranchées en diagonale

10 ml/2 cuillères à café de sel

225 g/8 oz/1 tasse de riz à grains longs

Faites chauffer les deux tiers de l'huile et faites revenir le bœuf, la sauce soja et le vin ou le xérès pendant 10 minutes. Retirez le bœuf et réservez la sauce. Faites chauffer le reste de l'huile et faites revenir le gingembre, le poivron et les carottes pendant 1 minute. Ajoutez le céleri et faites sauter pendant 1 minute. Ajoutez le bœuf et le sel et faites sauter pendant 1 minute.

Pendant ce temps, faites cuire le riz dans l'eau bouillante pendant environ 20 minutes jusqu'à ce qu'il soit juste tendre. Bien égoutter et disposer sur un plat de service. Verser sur le mélange de bœuf et la sauce piquante.

Boeuf au Mangetout

Pour 4 personnes

225 g/8 oz de bœuf maigre

30 ml/2 cuillères à soupe de farine de maïs (amidon de maïs)

5 ml/1 cuillère à café de sucre

5 ml/1 cuillère à café de sauce soja

10 ml/2 cuillères à café de vin de riz ou de xérès sec

30 ml/2 cuillères à soupe d'huile d'arachide

2,5 ml/¬Ω cuillère à café de sel

2 tranches de racine de gingembre, hachées

225 g/8 oz de mangetout (pois mange-tout)

60 ml/4 cuillères à soupe de bouillon de bœuf

10 ml/2 cuillères à café d'eau

poivre fraîchement moulu

Tranchez finement le bœuf contre le grain. Mélangez la moitié de la maïzena, le sucre, la sauce soja et le vin ou le xérès, ajoutez-les au bœuf et remuez bien pour bien enrober. Faites chauffer la moitié de l'huile et faites revenir le sel et le gingembre pendant quelques secondes. Ajouter le mangetout et remuer pour bien l'enrober d'huile. Ajouter le bouillon, porter à ébullition et bien mélanger puis retirer le mangetout et le liquide de la casserole.

Faites chauffer le reste de l'huile et faites sauter le bœuf jusqu'à ce qu'il soit légèrement doré. Remettez le mange-tout dans la poêle. Mélangez le

Mélanger le reste de maïzena avec l'eau, incorporer dans la poêle et assaisonner de poivre. Laisser mijoter en remuant jusqu'à ce que la sauce épaississe.

Boeuf Braisé Mariné

Pour 4 personnes

450 g de steak de paleron
75 ml/5 cuillères à soupe de sauce soja
60 ml/4 cuillères à soupe de vin de riz ou de xérès sec
5 ml/1 cuillère à café de sel
15 ml/1 cuillère à soupe de farine de maïs (amidon de maïs)
45 ml/3 cuillères à soupe d'huile d'arachide
15 ml/1 cuillère à soupe de cassonade
15 ml/1 cuillère à soupe de vinaigre de vin

Percez le steak à plusieurs endroits et placez-le dans un bol. Mélangez la sauce soja, le vin ou le xérès et le sel, versez sur la viande et laissez reposer 3 heures en retournant de temps en temps. Égouttez le bœuf et jetez la marinade. Séchez le bœuf et saupoudrez de maïzena. Faites chauffer l'huile et faites frire le bœuf jusqu'à ce qu'il soit doré de tous les côtés. Ajoutez le sucre et le vinaigre de vin et suffisamment d'eau pour couvrir le bœuf. Portez à ébullition, couvrez et laissez mijoter environ 1 heure jusqu'à ce que la viande soit tendre.

Bœuf Sauté et Champignons

Pour 4 personnes

225 g/8 oz de bœuf maigre
15 ml/1 cuillère à soupe de farine de maïs (amidon de maïs)
15 ml/1 cuillère à soupe de vin de riz ou de xérès sec
15 ml/1 cuillère à soupe de sauce soja
2,5 ml/¬Ω cuillère à café de sucre
45 ml/3 cuillères à soupe d'huile d'arachide
1 tranche de racine de gingembre, hachée
2,5 ml/¬Ω cuillère à café de sel

225 g/8 oz de champignons, tranchés
120 ml/4 fl oz/¬Ω tasse de bouillon de bœuf

Tranchez finement le bœuf contre le grain. Mélangez la maïzena, le vin ou le xérès, la sauce soja et le sucre, incorporez-les au bœuf et mélangez bien pour bien enrober. Faites chauffer l'huile et faites revenir le gingembre pendant 1 minute. Ajouter le bœuf et faire sauter jusqu'à ce qu'il soit juste doré. Ajoutez le sel et les champignons et remuez bien. Ajouter le bouillon, porter à ébullition et laisser mijoter en remuant jusqu'à ce que la sauce épaississe.

Bœuf Sauté Mariné

Pour 4 personnes

450 g/1 lb de bœuf maigre, tranché
2 gousses d'ail, écrasées
60 ml/4 cuillères à soupe de sauce soja
15 ml/1 cuillère à soupe de cassonade
5 ml/1 cuillère à café de sel
30 ml/2 cuillères à soupe d'huile d'arachide

Placez le bœuf dans un bol et ajoutez l'ail, la sauce soja, le sucre et le sel. Bien mélanger, couvrir et laisser mariner environ 2 heures en retournant de temps en temps. Égoutter en jetant la marinade. Faites chauffer l'huile et faites sauter le bœuf jusqu'à ce qu'il soit doré de tous les côtés, puis servez immédiatement.

Boeuf Braisé aux Champignons

Pour 4 personnes

1 kg/2 lb de dessus de bœuf

sel et poivre fraîchement moulu

60 ml/4 cuillères à soupe de sauce soja

30 ml/2 cuillères à soupe de sauce hoisin

30 ml/2 cuillères à soupe de miel

30 ml/2 cuillères à soupe de vinaigre de vin

5 ml/1 cuillère à café de poivre fraîchement moulu

5 ml/1 cuillère à café d'anis moulu

5 ml/1 cuillère à café de coriandre moulue

6 champignons chinois séchés

60 ml/4 cuillères à soupe d'huile d'arachide

5 ml/2 cuillères à café de farine de maïs (amidon de maïs)

15 ml/1 cuillère à soupe d'eau

400 g de tomates en conserve

6 oignons nouveaux (oignons verts), coupés en lanières

2 carottes, râpées

30 ml/2 cuillères à soupe de sauce aux prunes

60 ml/4 cuillères à soupe de ciboulette hachée

Percez le bœuf plusieurs fois avec une fourchette. Assaisonner de sel et de poivre et placer dans un bol. Mélangez les sauces, le miel, le vinaigre de vin, le poivre et les épices, versez sur la viande, couvrez et laissez mariner une nuit au réfrigérateur.

Faites tremper les champignons dans l'eau tiède pendant 30 minutes puis égouttez-les. Jetez les tiges et coupez les chapeaux. Faites chauffer l'huile et faites frire la viande jusqu'à ce qu'elle soit bien dorée, en la retournant fréquemment. Mélangez la maïzena et l'eau et ajoutez-les à la poêle avec les tomates. Porter à ébullition, couvrir et laisser mijoter doucement pendant environ 1 Ω heures jusqu'à tendreté. Ajoutez les oignons nouveaux et les carottes et laissez mijoter pendant 10 minutes jusqu'à ce que les carottes soient tendres. Incorporer la sauce aux prunes et laisser mijoter 2 minutes. Retirez la viande de la sauce et coupez-la en tranches épaisses. Remettez-le dans la sauce pour bien le réchauffer puis servez parsemé de ciboulette.

Bœuf Sauté aux Nouilles

Pour 4 personnes

100 g/4 oz de nouilles fines aux œufs
30 ml/2 cuillères à soupe d'huile d'arachide
225 g/8 oz de bœuf maigre, râpé
30 ml/2 cuillères à soupe de sauce soja
15 ml/1 cuillère à soupe de vin de riz ou de xérès sec
2,5 ml/½ cuillère à café de sel
2,5 ml/½ cuillère à café de sucre
120 ml/4 fl oz/½ tasse d'eau

Faites tremper les nouilles jusqu'à ce qu'elles soient légèrement ramollies, puis égouttez-les et coupez-les en longueurs de 7,5 cm/3 pouces. Faites chauffer la moitié de l'huile et faites sauter le bœuf jusqu'à ce qu'il soit à peine doré. Ajoutez la sauce soja, le vin ou le xérès, le sel et le sucre et faites sauter pendant 2 minutes puis retirez de la poêle. Faites chauffer le reste de l'huile et faites sauter les nouilles jusqu'à ce qu'elles soient recouvertes d'huile. Remettez le mélange de bœuf dans la casserole, ajoutez l'eau et portez à ébullition. Cuire et laisser mijoter environ 5 minutes jusqu'à ce que le liquide soit absorbé.

Bœuf aux nouilles de riz

Pour 4 personnes

4 champignons chinois séchés
30 ml/2 cuillères à soupe d'huile d'arachide
2,5 ml/½ cuillère à café de sel
225 g/8 oz de bœuf maigre, tranché
100 g/4 oz de pousses de bambou, tranchées
100 g/4 oz de céleri, tranché
1 oignon, tranché
120 ml/4 fl oz/½ tasse de bouillon de bœuf
2,5 ml/½ cuillère à café de sucre
10 ml/2 cuillères à café de farine de maïs (amidon de maïs)
5 ml/1 cuillère à café de sauce soja
15 ml/1 cuillère à soupe d'eau
100 g de nouilles de riz
huile pour friture

Faites tremper les champignons dans l'eau tiède pendant 30 minutes puis égouttez-les. Jetez les tiges et coupez les chapeaux. Faites chauffer la moitié de l'huile et faites frire le sel et le bœuf jusqu'à ce qu'ils soient légèrement dorés, puis retirez-les de la poêle. Faites chauffer le reste de l'huile et faites revenir les légumes jusqu'à ce qu'ils soient ramollis. Incorporer le bouillon et le sucre et porter à ébullition. Remettez le bœuf dans la poêle, couvrez et laissez mijoter 3 minutes. Mélangez la maïzena, la sauce soja et l'eau, mélangez dans la casserole et laissez mijoter en remuant jusqu'à ce que le mélange épaississe. Pendant ce temps, faites frire les nouilles de riz dans l'huile chaude pendant quelques secondes jusqu'à ce qu'elles soient gonflées et croustillantes et servez-les sur le bœuf.

Bœuf aux oignons

Pour 4 personnes

60 ml/4 cuillères à soupe d'huile d'arachide
300 g/11 oz de bœuf maigre, coupé en lanières
100 g/4 oz d'oignons, coupés en lanières
15 ml/1 cuillère à soupe de bouillon de poulet
5 ml/1 cuillère à café de vin de riz ou de xérès sec
5 ml/1 cuillère à café de sucre
5 ml/1 cuillère à café de sauce soja
sel
huile de sésame

Faites chauffer l'huile et faites revenir le bœuf et les oignons à feu vif jusqu'à ce qu'ils soient légèrement dorés. Incorporer le bouillon, le vin ou le xérès, le sucre et la sauce soja et faire sauter rapidement jusqu'à ce que le tout soit bien mélangé. Assaisonner au goût avec du sel et de l'huile de sésame avant de servir.

Boeuf et petits pois

Pour 4 personnes

30 ml/2 cuillères à soupe d'huile d'arachide
450 g/1 lb de bœuf maigre, coupé en cubes
2 oignons, tranchés
2 branches de céleri, tranchées
100 g/4 oz de petits pois frais ou surgelés, décongelés
250 ml/8 fl oz/1 tasse de bouillon de poulet
15 ml/1 cuillère à soupe de sauce soja
15 ml/1 cuillère à soupe de farine de maïs (amidon de maïs)

Faites chauffer l'huile et faites sauter le bœuf jusqu'à ce qu'il soit légèrement doré. Ajoutez les oignons, le céleri et les petits pois et faites sauter pendant 2 minutes. Ajoutez le bouillon et la sauce soja, portez à ébullition, couvrez et laissez mijoter 10 minutes. Mélangez la maïzena avec un peu d'eau et incorporez-la à la sauce. Laisser mijoter en remuant jusqu'à ce que la sauce soit claire et épaissie.

Bœuf craquelé aux oignons sautés

Pour 4 personnes

225 g/8 oz de bœuf maigre

2 oignons nouveaux (oignons verts), émincés

30 ml/2 cuillères à soupe de sauce soja

30 ml/2 cuillères à soupe de vin de riz ou de xérès sec

30 ml/2 cuillères à soupe d'huile d'arachide

1 gousse d'ail, écrasée

5 ml/1 cuillère à café de vinaigre de vin

quelques gouttes d'huile de sésame

Coupez le bœuf en fines tranches à contre-courant. Mélangez les oignons nouveaux, la sauce soja et le vin ou le xérès, incorporez-les au bœuf et laissez reposer 30 minutes. Égoutter en jetant la marinade. Faites chauffer l'huile et faites revenir l'ail jusqu'à ce qu'il soit légèrement doré. Ajouter le bœuf et faire sauter jusqu'à ce qu'il soit juste doré. Ajoutez le vinaigre et l'huile de sésame, couvrez et laissez mijoter 2 minutes.

Bœuf aux écorces d'orange séchées

Pour 4 personnes

450 g/1 lb de bœuf maigre, tranché finement

5 ml/1 cuillère à café de sel

huile pour friture

30 ml/2 cuillères à soupe d'huile d'arachide

100 g de zeste d'orange séché

2 piments forts séchés, finement hachés

5 ml/1 cuillère à café de poivre fraîchement moulu

45 ml/3 cuillères à soupe de bouillon de bœuf

2,5 ml/½ cuillère à café de sucre

15 ml/1 cuillère à soupe de vin de riz ou de xérès sec

5 ml/1 cuillère à café de vinaigre de vin

2,5 ml/½ cuillère à café d'huile de sésame

Saupoudrer le bœuf de sel et laisser reposer 30 minutes. Faites chauffer l'huile et faites frire le bœuf jusqu'à ce qu'il soit à moitié cuit. Retirer et bien égoutter. Faites chauffer l'huile et faites revenir le zeste d'orange, les piments et le poivre pendant 1 minute. Ajouter le bœuf et le bouillon et porter à ébullition. Ajoutez le sucre et le vinaigre de vin et laissez mijoter jusqu'à ce qu'il ne reste plus beaucoup de liquide. Incorporer le vinaigre de vin et l'huile de sésame et bien mélanger. Servir sur un lit de feuilles de laitue.

Boeuf à la Sauce aux Huîtres

Pour 4 personnes

15 ml/1 cuillère à soupe d'huile d'arachide
2 gousses d'ail, écrasées
450 g/1 lb de rumsteck, tranché
100 g de champignons de Paris
15 ml/1 cuillère à soupe de vin de riz ou de xérès sec
150 ml/¬° pt/généreuse ¬Ω tasse de bouillon de poulet
30 ml/2 cuillères à soupe de sauce aux huîtres
5 ml/1 cuillère à café de cassonade
sel et poivre fraîchement moulu
4 oignons nouveaux (oignons verts), tranchés
15 ml/1 cuillère à soupe de farine de maïs (amidon de maïs)

Faites chauffer l'huile et faites revenir l'ail jusqu'à ce qu'il soit légèrement doré. Ajouter le steak et les champignons et faire sauter jusqu'à ce qu'ils soient légèrement dorés. Ajoutez le vin ou le xérès et faites sauter pendant 2 minutes. Ajouter le bouillon, la sauce d'huîtres et le sucre et assaisonner de sel et de poivre. Porter à ébullition et laisser mijoter 4 minutes en remuant de temps en temps. Ajoutez les oignons nouveaux. Mélangez la maïzena avec un peu d'eau et mélangez-la dans la casserole. Laisser mijoter en remuant jusqu'à ce que la sauce soit claire et épaissie.

Boeuf au Poivre

Pour 4 personnes

350 g/12 oz de bœuf maigre, coupé en lanières
75 ml/5 cuillères à soupe de sauce soja
75 ml/5 cuillères à soupe d'huile d'arachide
5 ml/1 cuillère à café de farine de maïs (amidon de maïs)
75 ml/5 cuillères à soupe d'eau
2 oignons, tranchés
5 ml/1 cuillère à café de sauce aux huîtres
poivre fraîchement moulu
paniers de nouilles

Faites mariner le bœuf avec la sauce soja, 15 ml/1 cuillère à soupe d'huile, la maïzena et l'eau pendant 1 heure. Retirez la viande de la marinade et égouttez-la bien. Faites chauffer le reste de l'huile et faites revenir le bœuf et les oignons jusqu'à ce qu'ils soient légèrement dorés. Ajouter la marinade et la sauce d'huîtres et poivrer généreusement. Portez à ébullition, couvrez et laissez mijoter 5 minutes en remuant de temps en temps. Servir avec des paniers de nouilles.

Steak au poivre

Pour 4 personnes

45 ml/3 cuillères à soupe d'huile d'arachide

5 ml/1 cuillère à café de sel

2 gousses d'ail, écrasées

450 g/1 lb de bifteck de surlonge, tranché finement

1 oignon, coupé en quartiers

2 poivrons verts, hachés grossièrement

120 ml/4 fl oz/¬Ω tasse de bouillon de bœuf

5 ml/1 cuillère à café de cassonade

5 ml/1 cuillère à café de vin de riz ou de xérès sec

sel et poivre fraîchement moulu
30 ml/2 cuillères à soupe de farine de maïs (amidon de maïs)
30 ml/2 cuillères à soupe de sauce soja

Faites chauffer l'huile avec le sel et l'ail jusqu'à ce que l'ail soit légèrement doré, puis ajoutez le steak et faites sauter jusqu'à ce qu'il soit juste doré de tous les côtés. Ajoutez l'oignon et les poivrons et faites sauter pendant 2 minutes. Ajoutez le bouillon, le sucre, le vin ou le xérès et assaisonnez de sel et de poivre. Portez à ébullition, couvrez et laissez mijoter 5 minutes. Mélangez la maïzena et la sauce soja et incorporez-les à la sauce. Laisser mijoter en remuant jusqu'à ce que la sauce soit claire et épaissie, en ajoutant un peu d'eau si nécessaire pour donner à la sauce la consistance que vous préférez.

Boeuf aux Poivrons

Pour 4 personnes

350 g/12 oz de bœuf maigre, tranché finement
3 piments rouges épépinés et hachés
3 oignons nouveaux (oignons verts), coupés en morceaux
2 gousses d'ail, écrasées
15 ml/1 cuillère à soupe de sauce aux haricots noirs
1 carotte, tranchée
3 poivrons verts, coupés en morceaux

sel

15 ml/1 cuillère à soupe d'huile d'arachide

5 ml/1 cuillère à café de sauce soja

45 ml/3 cuillères à soupe d'eau

5 ml/1 cuillère à café de vin de riz ou de xérès sec

5 ml/1 cuillère à café de farine de maïs (amidon de maïs)

Faire mariner le bœuf avec les piments, les oignons nouveaux, l'ail, la sauce aux haricots noirs et la carotte pendant 1 heure. Blanchir les poivrons 3 minutes dans l'eau bouillante salée puis bien les égoutter. Faites chauffer l'huile et faites sauter le mélange de bœuf pendant 2 minutes. Ajoutez les poivrons et faites sauter pendant 3 minutes. Ajoutez la sauce soja, l'eau et le vin ou le xérès. Mélangez la maïzena avec un peu d'eau, incorporez-la dans la casserole et laissez mijoter en remuant jusqu'à ce que la sauce épaississe.

Râpés de bœuf sautés aux poivrons verts

Pour 4 personnes

225 g/8 oz de bœuf maigre, râpé

1 blanc d'oeuf

15 ml/1 cuillère à soupe de farine de maïs (amidon de maïs)

2,5 ml/¬Ω cuillère à café de sel

5 ml/1 cuillère à café de vin de riz ou de xérès sec

2,5 ml/½ cuillère à café de sucre

huile pour friture

30 ml/2 cuillères à soupe d'huile d'arachide

2 piments rouges, coupés en dés

2 tranches de racine de gingembre, râpées

15 ml/1 cuillère à soupe de sauce soja

2 gros poivrons verts, coupés en dés

Placez le bœuf dans un bol avec le blanc d'œuf, la maïzena, le sel, le vin ou le xérès et le sucre et laissez mariner 30 minutes. Faites chauffer l'huile et faites frire le bœuf jusqu'à ce qu'il soit légèrement doré. Retirer de la poêle et bien égoutter. Faites chauffer l'huile et faites revenir les piments et le gingembre pendant quelques secondes. Ajouter le bœuf et la sauce soja et faire sauter jusqu'à ce qu'ils soient juste tendres. Ajoutez les poivrons verts, mélangez bien et faites sauter pendant 2 minutes. Servir immédiatement.

Bœuf aux cornichons chinois

Pour 4 personnes

100 g/4 oz de cornichons chinois, râpés

450 g/1 lb de steak maigre, tranché contre le grain

30 ml/2 cuillères à soupe de sauce soja

5 ml/1 cuillère à café de sel

2,5 ml/¬Ω cuillère à café de poivre fraîchement moulu
60 ml/4 cuillères à soupe d'huile d'arachide
15 ml/1 cuillère à soupe de farine de maïs (amidon de maïs)

Mélangez soigneusement tous les ingrédients et placez-les dans un bol allant au four. Placez le bol sur une grille dans un cuiseur vapeur, couvrez et faites cuire à la vapeur sur de l'eau bouillante pendant 40 minutes jusqu'à ce que le bœuf soit cuit.

Steak aux pommes de terre

Pour 4 personnes
450 g de steak
60 ml/4 cuillères à soupe d'huile d'arachide
5 ml/1 cuillère à café de sel
2,5 ml/¬Ω cuillère à café de poivre fraîchement moulu

1 oignon, haché

1 gousse d'ail, écrasée

225 g/8 oz de pommes de terre, coupées en cubes

175 ml/6 fl oz/¬œ tasse de bouillon de bœuf

250 ml/8 fl oz/1 tasse de feuilles de céleri hachées

30 ml/2 cuillères à soupe de farine de maïs (amidon de maïs)

15 ml/1 cuillère à soupe de sauce soja

60 ml/4 cuillères à soupe d'eau

Coupez le steak en lanières puis en fines lamelles contre le grain. Faites chauffer l'huile et faites revenir le steak, le sel, le poivre, l'oignon et l'ail jusqu'à ce qu'ils soient légèrement dorés. Ajouter les pommes de terre et le bouillon, porter à ébullition, couvrir et laisser mijoter 10 minutes. Ajouter les feuilles de céleri et laisser mijoter environ 4 minutes jusqu'à ce qu'elles soient juste tendres. Mélangez la maïzena, la sauce soja et l'eau pour obtenir une pâte, ajoutez-les à la poêle et laissez mijoter en remuant jusqu'à ce que la sauce soit claire et épaissie.

Boeuf Cuit Rouge

Pour 4 personnes

450 g/1 lb de bœuf maigre

120 ml/4 fl oz/¬Ω tasse de sauce soja

60 ml/4 cuillères à soupe de vin de riz ou de xérès sec

15 ml/1 cuillère à soupe de cassonade
375 ml/13 fl oz/1¬Ω tasses d'eau

Mettez le bœuf, la sauce soja, le vin ou le xérès et le sucre dans une casserole à fond épais et portez à ébullition. Couvrir et laisser mijoter 10 minutes en retournant une ou deux fois. Incorporer l'eau et porter à ébullition. Couvrir et laisser mijoter environ 1 heure jusqu'à ce que la viande soit tendre, en ajoutant si nécessaire un peu d'eau bouillante pendant la cuisson si la viande devient trop sèche. Servir chaud ou froid.

Boeuf Salé

Pour 4 personnes
30 ml/2 cuillères à soupe d'huile d'arachide
450 g/1 lb de bœuf maigre, coupé en cubes
2 oignons nouveaux (oignons verts), tranchés
2 gousses d'ail, écrasées

1 tranche de racine de gingembre, hachée

2 gousses d'anis étoilé, écrasées

250 ml/8 fl oz/1 tasse de sauce soja

30 ml/2 cuillères à soupe de vin de riz ou de xérès sec

30 ml/2 cuillères à soupe de cassonade

5 ml/1 cuillère à café de sel

600 ml/1 pt/2¬Ω tasses d'eau

Faites chauffer l'huile et faites frire le bœuf jusqu'à ce qu'il soit légèrement doré. Égoutter l'excès d'huile, ajouter les oignons nouveaux, l'ail, le gingembre et l'anis et faire revenir 2 minutes. Ajoutez la sauce soja, le vin ou le xérès, le sucre et le sel et mélangez bien. Ajouter l'eau, porter à ébullition, couvrir et laisser mijoter 1 heure. Retirez le couvercle et laissez mijoter jusqu'à ce que la sauce ait réduit.

Boeuf haché

Pour 4 personnes

750 g/1¬Ω lb de bœuf maigre, coupé en cubes

250 ml/8 fl oz/1 tasse de bouillon de bœuf

120 ml/4 fl oz/¬Ω tasse de sauce soja

60 ml/4 cuillères à soupe de vin de riz ou de xérès sec
45 ml/3 cuillères à soupe d'huile d'arachide

Placez le bœuf, le bouillon, la sauce soja et le vin ou le xérès dans une poêle à fond épais. Porter à ébullition et faire bouillir en remuant jusqu'à ce que le liquide s'évapore. Laisser refroidir puis réfrigérer. Effilochez le bœuf avec deux fourchettes. Faites chauffer l'huile puis ajoutez le bœuf et faites sauter rapidement jusqu'à ce qu'il soit recouvert d'huile. Continuez la cuisson à feu moyen jusqu'à ce que le bœuf soit complètement sec. Laisser refroidir et servir avec des nouilles ou du riz.

Bœuf effiloché façon familiale

Pour 4 personnes
225 g/8 oz de bœuf, râpé
15 ml/1 cuillère à soupe de sauce soja
15 ml/1 cuillère à soupe de sauce aux huîtres

45 ml/3 cuillères à soupe d'huile d'arachide
1 tranche de racine de gingembre, hachée
1 piment rouge, haché
4 branches de céleri, tranchées en diagonale
15 ml/1 cuillère à soupe de sauce aux haricots piquants
5 ml/1 cuillère à café de sel
15 ml/1 cuillère à soupe de vin de riz ou de xérès sec
5 ml/1 cuillère à café d'huile de sésame
5 ml/1 cuillère à café de vinaigre de vin
poivre fraîchement moulu

Placer le bœuf dans un bol avec la sauce soja et la sauce d'huîtres et laisser mariner 30 minutes. Faites chauffer l'huile et faites frire le bœuf jusqu'à ce qu'il soit légèrement doré, puis retirez-le de la poêle. Ajoutez le gingembre et le piment et faites sauter quelques secondes. Ajouter le céleri et faire sauter jusqu'à ce qu'il soit à moitié cuit. Ajouter le bœuf, la sauce aux haricots piquants et le sel et bien mélanger. Ajoutez le vin ou le xérès, l'huile de sésame et le vinaigre et faites sauter jusqu'à ce que le bœuf soit tendre et que les ingrédients soient bien mélangés. Servir saupoudré de poivre.

Bœuf épicé émincé

Pour 4 personnes

90 ml/6 cuillères à soupe d'huile d'arachide
450 g de bœuf maigre, coupé en lanières
50 g de pâte de haricots pimentés
poivre fraîchement moulu
15 ml/1 cuillère à soupe de racine de gingembre hachée
30 ml/2 cuillères à soupe de vin de riz ou de xérès sec
225 g/8 oz de céleri, coupé en morceaux
30 ml/2 cuillères à soupe de sauce soja
5 ml/1 cuillère à café de sucre
5 ml/1 cuillère à café de vinaigre de vin

Faites chauffer l'huile et faites frire le bœuf jusqu'à ce qu'il soit doré. Ajoutez la pâte de haricots pimentés et le poivre et faites sauter pendant 3 minutes. Ajoutez le gingembre, le vin ou le xérès et le céleri et mélangez bien. Ajoutez la sauce soja, le sucre et le vinaigre et faites sauter pendant 2 minutes.

Bœuf mariné aux épinards

Pour 4 personnes

450 g/1 lb de bœuf maigre, tranché finement
45 ml/3 cuillères à soupe de vin de riz ou de xérès sec
15 ml/1 cuillère à soupe de sauce soja
5 ml/1 cuillère à café de sucre
2,5 ml/¬Ω cuillère à café d'huile de sésame
450 g d'épinards
45 ml/3 cuillères à soupe d'huile d'arachide
2 tranches de racine de gingembre, hachées
30 ml/2 cuillères à soupe de bouillon de bœuf
5 ml/1 cuillère à café de farine de maïs (amidon de maïs)

Aplatissez légèrement la viande en appuyant avec les doigts. Mélangez le vin ou le xérès, la sauce soja, le xérès et l'huile de sésame. Ajouter la viande, couvrir et réfrigérer 2 heures en remuant de temps en temps. Coupez les feuilles d'épinards en gros morceaux et les tiges en tranches épaisses. Faites chauffer 30 ml/2 cuillères à soupe d'huile et faites revenir les tiges d'épinards et le gingembre pendant 2 minutes. Retirer de la poêle.

Faites chauffer le reste de l'huile. Égouttez la viande en réservant la marinade. Ajouter la moitié de la viande dans la poêle en étalant les tranches pour qu'elles ne se chevauchent pas. Cuire environ 3 minutes jusqu'à ce qu'ils soient légèrement dorés des deux côtés. Retirer de la poêle et faire frire le reste de la viande, puis la retirer de la poêle. Mélangez le bouillon et la maïzena à la marinade. Ajouter le mélange dans la casserole et porter à ébullition. Ajoutez les feuilles d'épinards, les tiges et le gingembre. Laisser mijoter environ 3 minutes jusqu'à ce que les épinards fanent, puis incorporer la viande. Cuire encore 1 minute puis servir aussitôt.

Bœuf aux haricots noirs et oignons nouveaux

Pour 4 personnes

225 g/8 oz de bœuf maigre, tranché finement

1 œuf légèrement battu

5 ml/1 cuillère à café de sauce soja légère

2,5 ml/½ cuillère à café de vin de riz ou de xérès sec

2,5 ml/½ cuillère à café de farine de maïs (amidon de maïs)

250 ml/8 fl oz/1 tasse d'huile d'arachide

2 gousses d'ail, écrasées

30 ml/2 cuillères à soupe de sauce aux haricots noirs

15 ml/1 cuillère à soupe d'eau

6 oignons nouveaux (oignons verts), tranchés en diagonale

2 tranches de racine de gingembre, râpées

Mélangez le bœuf avec l'œuf, la sauce soja, le vin ou le xérès et la maïzena. Laisser reposer 10 minutes. Faites chauffer l'huile et faites frire le bœuf jusqu'à ce qu'il soit presque cuit. Retirer de la poêle et bien égoutter. Videz tout sauf 15 ml/1 cuillère à soupe d'huile, réchauffez puis faites revenir la sauce à l'ail et aux haricots noirs pendant 30 secondes. Ajoutez le bœuf, l'eau et faites frire pendant environ 4 minutes jusqu'à ce que le bœuf soit tendre.

Pendant ce temps, faites chauffer encore 15 ml/1 cuillère à soupe d'huile et faites revenir brièvement les oignons nouveaux et le gingembre. Verser le bœuf dans une assiette de service chaude, garnir d'oignons nouveaux et servir.

Bœuf sauté aux oignons nouveaux

Pour 4 personnes

45 ml/3 cuillères à soupe d'huile d'arachide
225 g/8 oz de bœuf maigre, tranché finement
8 oignons nouveaux (oignons verts), tranchés
75 ml/5 cuillères à soupe de sauce soja
15 ml/1 cuillère à soupe de vin de riz ou de xérès sec
30 ml/2 cuillères à soupe d'huile de sésame

Faites chauffer l'huile et faites revenir le bœuf et les oignons jusqu'à ce qu'ils soient légèrement dorés. Ajoutez la sauce soja et le vin ou le xérès et faites sauter jusqu'à ce que la viande soit cuite à votre goût. Incorporer l'huile de sésame avant de servir.

Bœuf et oignons nouveaux avec sauce de poisson

Pour 4 personnes

350 g/12 oz de bœuf maigre, tranché finement

15 ml/1 cuillère à soupe de farine de maïs (amidon de maïs)

15 ml/1 cuillère à soupe d'eau

2,5 ml/½ cuillère à café de vin de riz ou de xérès sec

pincée de bicarbonate de soude (bicarbonate de soude)

pincée de sel

45 ml/3 cuillères à soupe d'huile d'arachide

6 oignons nouveaux (oignons verts), coupés en morceaux de 5 cm

2 gousses d'ail, écrasées

2 tranches de gingembre, émincées

5 ml/1 cuillère à café de sauce de poisson

2,5 ml/½ cuillère à café de sauce aux huîtres

Faites mariner le bœuf avec la maïzena, l'eau, le vin ou le xérès, le bicarbonate de soude et le sel pendant 1 heure. Faites chauffer 30 ml/2 cuillères à soupe d'huile et faites sauter le bœuf avec la moitié des oignons nouveaux, la moitié de l'ail et le gingembre jusqu'à ce qu'ils soient bien dorés. Pendant ce temps, faites chauffer le reste de l'huile et faites revenir les oignons nouveaux, l'ail et le gingembre restants avec la sauce de poisson et la sauce aux huîtres jusqu'à ce qu'ils soient ramollis. Mélangez les deux et faites chauffer avant de servir.

Bœuf cuit à la vapeur

Pour 4 personnes

450 g/1 lb de bœuf maigre, tranché
5 ml/1 cuillère à café de farine de maïs (amidon de maïs)
2 tranches de racine de gingembre, hachées
15 ml/1 cuillère à soupe de sauce soja
15 ml/1 cuillère à soupe de vin de riz ou de xérès sec
2,5 ml/¬Ω cuillère à café de sel
2,5 ml/¬Ω cuillère à café de sucre
15 ml/1 cuillère à soupe d'huile d'arachide
2 oignons nouveaux (oignons verts), émincés
15 ml/1 cuillère à soupe de persil plat haché

Placer le bœuf dans un bol. Mélangez la maïzena, le gingembre, la sauce soja, le vin ou le xérès, le sel et le sucre, puis incorporez-les au bœuf. Laisser reposer 30 minutes en remuant de temps en temps. Disposez les tranches de bœuf dans un plat peu profond résistant à la chaleur et saupoudrez d'huile et d'oignons nouveaux. Cuire à la vapeur sur une grille au-dessus de l'eau bouillante pendant environ 40 minutes jusqu'à ce que le bœuf soit cuit. Servir parsemé de persil.

Ragoût de bœuf

Pour 4 personnes

15 ml/1 cuillère à soupe d'huile d'arachide
1 gousse d'ail, écrasée
1 tranche de racine de gingembre, hachée
450 g/1 lb de steak braisé, en cubes
45 ml/3 cuillères à soupe de sauce soja
30 ml/2 cuillères à soupe de vin de riz ou de xérès sec
15 ml/1 cuillère à soupe de cassonade
300 ml/¬Ω pt/1¬° tasse de bouillon de poulet
2 oignons, coupés en quartiers
2 carottes, tranchées épaisses
100 g/4 oz de chou, râpé

Faites chauffer l'huile avec l'ail et le gingembre et faites-les revenir jusqu'à ce que l'ail soit légèrement doré. Ajouter le steak et faire revenir 5 minutes jusqu'à ce qu'il soit doré. Ajoutez la sauce soja, le vin ou le xérès et le sucre, couvrez et laissez mijoter 10 minutes. Ajouter le bouillon, porter à ébullition, couvrir et laisser mijoter environ 30 minutes. Ajoutez les oignons, les carottes et le chou, couvrez et laissez mijoter encore 15 minutes.

Poitrine de bœuf mijotée

Pour 4 personnes

450 g de poitrine de bœuf
45 ml/3 cuillères à soupe d'huile d'arachide
3 oignons nouveaux (oignons verts), tranchés
2 tranches de racine de gingembre, hachées
1 gousse d'ail, écrasée
120 ml/4 fl oz/¬Ω tasse de sauce soja
5 ml/1 cuillère à café de sucre
45 ml/3 cuillères à soupe de vin de riz ou de xérès sec
3 gousses d'anis étoilé
4 carottes, coupées en cubes
225 g/8 oz de chou chinois
15 ml/1 cuillère à soupe de farine de maïs (amidon de maïs)
45 ml/3 cuillères à soupe d'eau

Placer le bœuf dans une casserole et couvrir simplement d'eau. Porter à ébullition, couvrir et laisser mijoter doucement pendant environ 1¬Ω heures jusqu'à ce que la viande soit tendre. Retirer de la poêle et bien égoutter. Coupez en cubes de 2,5 cm/1 po et réservez 250 ml/ 8 fl oz/1 tasse de bouillon.

Faites chauffer l'huile et faites revenir les oignons nouveaux, le gingembre et l'ail pendant quelques secondes. Ajoutez la sauce soja, le sucre, le vin ou le xérès et l'anis étoilé et remuez bien. Ajouter le bœuf et le bouillon réservé. Portez à ébullition, couvrez et laissez mijoter 20 minutes. Pendant ce temps, faites cuire le chou chinois dans l'eau bouillante jusqu'à ce qu'il soit tendre. Transférer la viande et les légumes dans une assiette de service chaude. Mélangez la maïzena et l'eau pour obtenir une pâte, incorporez-la à la sauce et laissez mijoter en remuant jusqu'à ce que la sauce soit claire et épaissie. Verser sur le bœuf et servir avec le chou chinois.

Sauté au boeuf

Pour 4 personnes

225 g/8 oz de bœuf maigre

45 ml/3 cuillères à soupe d'huile d'arachide

1 tranche de racine de gingembre, hachée

2 gousses d'ail, écrasées

2 oignons nouveaux (oignons verts), hachés

50 g/2 oz de champignons, tranchés

1 poivron rouge, tranché

225 g/8 oz de fleurons de chou-fleur

50 g de mangetout (pois mange-tout)

30 ml/2 cuillères à soupe de sauce soja

15 ml/1 cuillère à soupe de farine de maïs (amidon de maïs)

15 ml/1 cuillère à soupe de vin de riz ou de xérès sec

120 ml/4 fl oz/¬Ω tasse de bouillon de bœuf

Tranchez finement le bœuf contre le grain. Faites chauffer la moitié de l'huile et faites revenir le gingembre, l'ail et les oignons nouveaux jusqu'à ce qu'ils soient légèrement dorés. Ajouter le bœuf et faire sauter jusqu'à ce qu'il soit juste doré, puis retirer de la poêle. Faites chauffer le reste de l'huile et faites sauter les légumes jusqu'à ce qu'ils soient recouverts d'huile. Incorporer le bouillon, porter à ébullition, couvrir et laisser mijoter jusqu'à ce que les légumes soient tendres mais encore croustillants. Mélangez la sauce soja, la maïzena et le vin ou le xérès et mélangez-le dans la poêle. Laisser mijoter en remuant jusqu'à ce que la sauce épaississe.

Lanières de steak

Pour 4 personnes

450 g de rumsteck

120 ml/4 fl oz/¬Ω tasse de sauce soja

120 ml/4 fl oz/¬Ω tasse de bouillon de poulet

1 cm/¬Ω en tranche de racine de gingembre

2 gousses d'ail, écrasées

30 ml/2 cuillères à soupe de vin de riz ou de xérès sec

15 ml/1 cuillère à soupe de cassonade

15 ml/1 cuillère à soupe d'huile d'arachide

Fermez le steak au congélateur puis coupez-le en tranches longues et fines. Mélangez tous les ingrédients restants et faites mariner le steak dans le mélange pendant environ 6 heures. Enfilez le steak sur des brochettes en bois trempées et faites-le griller pendant quelques minutes jusqu'à ce qu'il soit cuit à votre goût, en le badigeonnant de temps en temps avec la marinade.

Bœuf cuit à la vapeur et patates douces

Pour 4 personnes

450 g/1 lb de bœuf maigre, tranché finement
15 ml/1 cuillère à soupe de sauce aux haricots noirs
15 ml/1 cuillère à soupe de sauce aux haricots sucrés
15 ml/1 cuillère à soupe de sauce soja
5 ml/1 cuillère à café de sucre
2 tranches de racine de gingembre, hachées
2 patates douces, coupées en cubes
30 ml/2 cuillères à soupe d'huile d'arachide

100 g de chapelure

15 ml/1 cuillère à soupe d'huile de sésame

3 oignons nouveaux (oignons verts), finement hachés

Placer le bœuf dans un bol avec les sauces aux haricots, la sauce soja, le sucre et le gingembre et laisser mariner 30 minutes. Retirez le bœuf de la marinade et ajoutez les patates douces. Laisser reposer 20 minutes. Disposez les pommes de terre sur le fond d'un petit cuiseur vapeur en bambou. Enrober le bœuf de chapelure et disposer sur les pommes de terre. Couvrir et cuire à la vapeur sur de l'eau bouillante pendant 40 minutes.

Faites chauffer l'huile de sésame et faites revenir les oignons nouveaux pendant quelques secondes. Verser sur le bœuf et servir.

Filet de bœuf

Pour 4 personnes

450 g/1 lb de bœuf maigre

45 ml/3 cuillères à soupe de vin de riz ou de xérès sec

15 ml/1 cuillère à soupe de sauce soja

10 ml/2 cuillères à café de sauce aux huîtres

5 ml/1 cuillère à café de sucre

5 ml/1 cuillère à café de farine de maïs (amidon de maïs)

2,5 ml/¬Ω cuillère à café de bicarbonate de soude (bicarbonate de soude)

pincée de sel

1 gousse d'ail, écrasée

30 ml/2 cuillères à soupe d'huile d'arachide

2 oignons, tranchés finement

Coupez la viande dans le sens du grain en fines tranches. Mélangez le vin ou le xérès, la sauce soja, la sauce d'huîtres, le sucre, la maïzena, le bicarbonate de soude, le sel et l'ail. Incorporer la viande, couvrir et réfrigérer au moins 3 heures. Faites chauffer l'huile et faites revenir les oignons pendant environ 5 minutes jusqu'à ce qu'ils soient dorés. Transférer dans une assiette de service chaude et réserver au chaud. Ajoutez un peu de viande dans le wok en étalant les tranches pour qu'elles ne se chevauchent pas. Faites frire environ 3 minutes de chaque côté jusqu'à ce qu'elles soient dorées, puis disposez-les sur les oignons et continuez à faire frire le reste de la viande.

Toasts de boeuf

Pour 4 personnes

4 tranches de bœuf maigre

1 œuf battu

50 g/2 oz/¬Ω tasse de noix, hachées

4 tranches de pain

huile pour friture

Aplatissez les tranches de bœuf puis badigeonnez-les bien d'œuf. Saupoudrer de noix et garnir d'une tranche de pain. Faites chauffer l'huile et faites revenir les tranches de bœuf et de pain pendant environ 2 minutes. Retirer de l'huile et laisser refroidir. Réchauffez l'huile et faites frire à nouveau jusqu'à ce qu'elle soit bien dorée.

Bœuf râpé au tofu et au piment

Pour 4 personnes

225 g/8 oz de bœuf maigre, haché

1 blanc d'oeuf

2,5 ml/¬Ω cuillère à café d'huile de sésame

5 ml/1 cuillère à café de farine de maïs (amidon de maïs)
pincée de sel
250 ml/8 fl oz/1 tasse d'huile d'arachide
100 g/4 oz de tofu séché, coupé en lanières
5 piments rouges, coupés en lanières
15 ml/1 cuillère à soupe d'eau
1 tranche de racine de gingembre, hachée
10 ml/2 cuillères à café de sauce soja

Mélangez le bœuf avec le blanc d'œuf, la moitié de l'huile de sésame, la maïzena et le sel. Faites chauffer l'huile et faites sauter le bœuf jusqu'à ce qu'il soit presque cuit. Retirer de la poêle. Ajoutez le tofu dans la poêle et faites sauter pendant 2 minutes puis retirez-le de la poêle. Ajoutez les piments et faites sauter pendant 1 minute. Remettez le tofu dans la poêle avec l'eau, le gingembre et la sauce soja et remuez bien. Ajouter le bœuf et faire sauter jusqu'à ce que le tout soit bien mélangé. Servir saupoudré du reste d'huile de sésame.

Boeuf aux Tomates

Pour 4 personnes

30 ml/2 cuillères à soupe d'huile d'arachide
3 oignons nouveaux (oignons verts), coupés en morceaux
225 g/8 oz de bœuf maigre, coupé en lanières

60 ml/4 cuillères à soupe de bouillon de bœuf
15 ml/1 cuillère à soupe de farine de maïs (amidon de maïs)
45 ml/3 cuillères à soupe d'eau
4 tomates, pelées et coupées en quartiers

Faites chauffer l'huile et faites revenir les oignons nouveaux jusqu'à ce qu'ils soient ramollis. Ajouter le bœuf et faire sauter jusqu'à ce qu'il soit juste doré. Incorporer le bouillon, porter à ébullition, couvrir et laisser mijoter 2 minutes. Mélangez la maïzena et l'eau, mélangez dans la casserole et laissez mijoter en remuant jusqu'à ce que la sauce épaississe. Incorporer les tomates et laisser mijoter jusqu'à ce qu'elles soient bien chaudes.

Bœuf Cuit Rouge Aux Navets

Pour 4 personnes

450 g/1 lb de bœuf maigre
1 tranche de racine de gingembre, hachée

1 oignon nouveau (oignon vert), haché 120 ml/4 fl oz/½ tasse de vin de riz ou de xérès sec

250 ml/8 fl oz/1 tasse d'eau

2 gousses d'anis étoilé

1 petit navet, coupé en dés

120 ml/4 fl oz/½ tasse de sauce soja

15 ml/1 cuillère à soupe de sucre

Mettez le bœuf, le gingembre, la ciboule, le vin ou le xérès, l'eau et l'anis dans une casserole à fond épais, portez à ébullition, couvrez et laissez mijoter 45 minutes. Ajoutez le navet, la sauce soja et le sucre et un peu d'eau si nécessaire, ramenez à ébullition, couvrez et laissez mijoter encore 45 minutes jusqu'à ce que le bœuf soit tendre. Laisser refroidir. Retirez le bœuf et le navet de la sauce. Tranchez le bœuf et disposez-le sur une assiette de service avec le navet. Filtrer sur la sauce et servir froid.

Boeuf aux Légumes

Pour 4 personnes

225 g/8 oz de bœuf maigre

15 ml/1 cuillère à soupe de farine de maïs (amidon de maïs)

15 ml/1 cuillère à soupe de sauce soja
15 ml/1 cuillère à soupe de vin de riz ou de xérès sec
2,5 ml/½ cuillère à café de sucre
45 ml/3 cuillères à soupe d'huile d'arachide
1 tranche de racine de gingembre, hachée
2,5 ml/½ cuillère à café de sel
100 g/4 oz d'oignon, tranché
2 branches de céleri, tranchées
1 poivron rouge, tranché
100 g/4 oz de pousses de bambou, tranchées
100 g/4 oz de carottes, tranchées
120 ml/4 fl oz/½ tasse de bouillon de bœuf

Tranchez finement le bœuf contre le grain et placez-le dans un bol. Mélangez la maïzena, la sauce soja, le vin ou le xérès et le sucre, versez sur le bœuf et mélangez pour bien enrober. Laisser reposer 30 minutes en retournant de temps en temps. Faites chauffer la moitié de l'huile et faites sauter le bœuf jusqu'à ce qu'il soit à peine doré, puis retirez-le de la poêle. Faites chauffer le reste de l'huile, incorporez le gingembre et le sel, puis ajoutez les légumes et faites sauter jusqu'à ce qu'ils soient recouverts d'huile. Incorporer le bouillon, porter à ébullition, couvrir et laisser mijoter jusqu'à ce que les légumes soient tendres mais encore croustillants. Remettez le bœuf dans la poêle et remuez à feu doux pendant environ 1 minute pour bien réchauffer.

Ragoût de boeuf

Pour 4 personnes

350 g/12 oz de rôti de bœuf roulé
30 ml/2 cuillères à soupe de sucre
30 ml/2 cuillères à soupe de vin de riz ou de xérès sec
30 ml/2 cuillères à soupe de sauce soja
5 ml/1 cuillère à café de cannelle
2 oignons nouveaux (oignons verts), hachés
1 tranche de racine de gingembre, hachée
45 ml/3 cuillères à soupe d'huile de sésame

Portez une casserole d'eau à ébullition, ajoutez la viande, remettez l'eau à ébullition et faites bouillir rapidement pour sceller la viande. Retirer de la poêle. Placez la viande dans une poêle propre et ajoutez tous les ingrédients restants en réservant 15 ml/1 cuillère à soupe d'huile de sésame. Remplissez la casserole avec juste assez d'eau pour couvrir la viande, portez à ébullition, couvrez et laissez mijoter doucement pendant environ 1 heure jusqu'à ce que la viande soit tendre. Saupoudrer du reste d'huile de sésame avant de servir.

Steak farci

Pour 4 à 6 personnes

675 g/1¬Ω lb de rumsteck en un seul morceau

60 ml/4 cuillères à soupe de vinaigre de vin

30 ml/2 cuillères à soupe de sucre

10 ml/2 cuillères à café de sauce soja

2,5 ml/¬Ω cuillère à café de poivre fraîchement moulu

2,5 ml/¬Ω cuillère à café de clous de girofle entiers

5 ml/1 cuillère à café de cannelle moulue

1 feuille de laurier, écrasée

225 g/8 oz de riz à grains longs cuit

5 ml/1 cuillère à café de persil frais haché

pincée de sel

30 ml/2 cuillères à soupe d'huile d'arachide

30 ml/2 cuillères à soupe de saindoux
1 oignon, tranché

Mettez le steak dans un grand bol. Portez à ébullition dans une casserole le vinaigre de vin, le sucre, la sauce soja, le poivre, les clous de girofle, la cannelle et le laurier puis laissez refroidir. Verser sur le steak, couvrir et laisser mariner au réfrigérateur toute la nuit en retournant de temps en temps.

Mélangez le riz, le persil, le sel et l'huile. Égoutter le bœuf et étaler le mélange sur le steak, rouler et attacher solidement avec de la ficelle. Faire fondre le saindoux, ajouter l'oignon et le steak et faire revenir jusqu'à ce qu'ils soient dorés de tous les côtés. Versez suffisamment d'eau pour couvrir presque le steak, couvrez et laissez mijoter pendant 1¬Ω heures ou jusqu'à ce que la viande soit tendre.

Raviolis au Bœuf

Pour 4 personnes

450 g/1 lb de farine nature (tout usage)

1 sachet de levure facile à mélanger

10 ml/2 cuillères à café de sucre en poudre

5 ml/1 cuillère à café de sel

300 ml/½ pt/1¼ tasse de lait ou d'eau tiède

30 ml/2 cuillères à soupe d'huile d'arachide

225 g/8 oz de bœuf haché (haché)

1 oignon, haché

2 morceaux de tige de gingembre hachée

50 g/2 oz de noix de cajou, hachées

2,5 ml/½ cuillère à café de poudre aux cinq épices

15 ml/1 cuillère à soupe de sauce soja

30 ml/2 cuillères à soupe de sauce hoisin

2,5 ml/½ cuillère à café de vinaigre de vin

15 ml/1 cuillère à soupe de farine de maïs (amidon de maïs)

45 ml/3 cuillères à soupe d'eau

Mélanger la farine, la levure, le sucre, le sel et le lait ou l'eau tiède et pétrir jusqu'à obtenir une pâte lisse. Couvrir et laisser lever 45 minutes dans un endroit tiède. Faites chauffer l'huile et faites frire le bœuf jusqu'à ce qu'il soit légèrement doré. Ajouter l'oignon, le gingembre, les noix de cajou, la poudre de cinq épices, la sauce soja, la sauce hoisin et le vinaigre de vin et porter à ébullition. Mélangez la maïzena et l'eau, incorporez à la sauce et laissez mijoter 2 minutes. Laisser refroidir. Façonnez la pâte en 16 boules. Presser à plat, verser un peu de garniture dans chacun et refermer la pâte autour de la garniture. Mettez dans un panier vapeur dans un wok ou une casserole, couvrez et faites cuire à la vapeur sur de l'eau salée pendant environ 30 minutes.

Boulettes de viande croustillantes

Pour 4 personnes

225 g/8 oz de bœuf haché (haché)
100 g de châtaignes d'eau hachées
2 oeufs, battus
5 ml/1 cuillère à café de zeste d'orange râpé
5 ml/1 cuillère à café de racine de gingembre hachée
5 ml/1 cuillère à café de sel
15 ml/1 cuillère à soupe de farine de maïs (amidon de maïs)

225 g/8 oz/2 tasses de farine nature (tout usage)
5 ml/1 cuillère à café de levure chimique
300 ml/¬Ω pt/1¬Ω tasse d'eau
15 ml/1 cuillère à soupe d'huile d'arachide
huile pour friture

Mélangez le bœuf, les châtaignes d'eau, 1 œuf, le zeste d'orange, le gingembre, le sel et la maïzena. Former des petites boules. Disposer dans un bol dans un cuiseur vapeur sur de l'eau bouillante et cuire à la vapeur pendant environ 20 minutes jusqu'à ce qu'il soit cuit. Laisser refroidir.

Mélangez la farine, la levure chimique, le reste de l'œuf, l'eau et l'huile d'arachide pour obtenir une pâte épaisse. Trempez les boulettes de viande dans la pâte. Faites chauffer l'huile et faites frire les boulettes de viande jusqu'à ce qu'elles soient dorées.

Bœuf haché aux noix de cajou

Pour 4 personnes

450 g/1 lb de bœuf haché (haché)
½ blanc d'oeuf
5 ml/1 cuillère à café de sauce aux huîtres
5 ml/1 cuillère à café de sauce soja légère
quelques gouttes d'huile de sésame
25 g/1 oz de persil frais, haché
45 ml/3 cuillères à soupe d'huile d'arachide
25 g/1 oz/¼ tasse de noix de cajou, hachées
15 ml/1 cuillère à soupe de bouillon de bœuf
4 grosses feuilles de laitue

Mélangez le bœuf avec le blanc d'œuf, la sauce d'huîtres, la sauce soja, l'huile de sésame et le persil et laissez reposer. Faites chauffer la moitié de l'huile et faites frire les noix de cajou jusqu'à ce qu'elles soient légèrement dorées, puis retirez-les de la poêle. Faites chauffer le reste de l'huile et faites sauter le mélange de viande jusqu'à ce qu'il soit doré. Ajoutez le bouillon et continuez à frire jusqu'à ce que presque tout le liquide soit évaporé. Disposez les feuilles de laitue sur une assiette de service chaude et versez-y la viande. Servir saupoudré de noix de cajou frites

Boeuf à la Sauce Rouge

Pour 4 personnes
60 ml/4 cuillères à soupe d'huile d'arachide
450 g/1 lb de bœuf haché (haché)
1 oignon, haché
1 poivron rouge, haché
1 poivron vert, haché
2 tranches d'ananas, hachées
45 ml/3 cuillères à soupe de sauce soja
45 ml/3 cuillères à soupe de vin blanc sec
30 ml/2 cuillères à soupe de vinaigre de vin
30 ml/2 cuillères à soupe de miel
300 ml/¬Ω pt/1¬° tasse de bouillon de bœuf
sel et poivre fraîchement moulu
quelques gouttes d'huile de piment

Faites chauffer l'huile et faites frire le bœuf jusqu'à ce qu'il soit légèrement doré. Ajoutez les légumes et l'ananas et faites sauter pendant 3 minutes. Ajoutez la sauce soja, le vin, le vinaigre de vin, le miel et le bouillon. Porter à ébullition, couvrir et laisser mijoter 30 minutes jusqu'à cuisson. Assaisonner au goût avec du sel, du poivre et de l'huile de piment.

Boulettes de Bœuf au Riz Gluant

Pour 4 personnes

225 g de riz gluant

450 g/1 lb de bœuf maigre, haché (haché)

1 tranche de racine de gingembre, hachée

1 petit oignon, émincé

1 œuf légèrement battu

15 ml/1 cuillère à soupe de sauce soja

2,5 ml/¬Ω cuillère à café de farine de maïs (amidon de maïs)

2,5 ml/¬Ω cuillère à café de sucre

2,5 ml/¬Ω cuillère à café de sel

5 ml/1 cuillère à café de vin de riz ou de xérès sec

Faire tremper le riz pendant 30 minutes puis l'égoutter et l'étaler sur une assiette. Mélangez le bœuf, le gingembre, l'oignon, l'œuf, la sauce soja, la maïzena, le sucre, le sel et le vin ou le xérès. Former des boules de la taille d'une noix. Roulez les boulettes de viande dans le riz pour les enrober complètement puis disposez-les sur un plat peu profond allant au four avec des espaces entre elles. Cuire à la vapeur sur une grille au-dessus de l'eau frémissante pendant 30 minutes. Servir avec des trempettes de sauce soja et de moutarde chinoise.

Boulettes de viande à la sauce aigre-douce

Pour 4 personnes

450 g/1 lb de bœuf haché (haché)
1 oignon, finement haché
25 g de châtaignes d'eau finement hachées
15 ml/1 cuillère à soupe de sauce soja
15 ml/1 cuillère à soupe de vin de riz ou de xérès sec
1 œuf battu
100 g/4 oz/¬Ω tasse de farine de maïs (amidon de maïs)
huile pour friture

Pour la sauce:

15 ml/1 cuillère à soupe d'huile d'arachide
1 poivron vert, coupé en cubes
100 g de morceaux d'ananas au sirop
100 g/4 oz de cornichons sucrés chinois mélangés
100 g/4 oz/¬Ω tasse de cassonade
120 ml/4 fl oz/¬Ω tasse de bouillon de poulet
60 ml/4 cuillères à soupe de vinaigre de vin

15 ml/1 cuillère à soupe de purée de tomates (pâte)
15 ml/1 cuillère à soupe de farine de maïs (amidon de maïs)
15 ml/1 cuillère à soupe de sauce soja
sel et poivre fraîchement moulu
45 ml/3 cuillères à soupe de noix de coco râpée

Mélangez le bœuf, l'oignon, les châtaignes d'eau, la sauce soja et le vin ou le xérès. Façonner des petites boules et rouler dans l'oeuf battu puis dans la maïzena. Faire frire dans l'huile chaude pendant quelques minutes jusqu'à ce qu'ils soient dorés. Transférez-les dans une assiette de service chaude et gardez-les au chaud.

Pendant ce temps, faites chauffer l'huile et faites revenir le poivron pendant 2 minutes. Ajoutez 30 ml/2 cuillères à soupe de sirop d'ananas, 15 ml/1 cuillère à soupe de vinaigre de cornichon, le sucre, le bouillon, le vinaigre de vin, la purée de tomates, la maïzena et la sauce soja. Bien mélanger, porter à ébullition et laisser mijoter en remuant jusqu'à ce que le mélange clair et épaississe. Égouttez le reste de l'ananas et des cornichons et ajoutez-les à la poêle. Laisser mijoter en remuant pendant 2 minutes. Verser sur les boulettes de viande et servir saupoudré de noix de coco.

Pouding à la viande cuit à la vapeur

Pour 4 personnes

6 champignons chinois séchés
225 g/8 oz de bœuf haché (haché)
225 g/8 oz de porc haché (haché)
1 oignon, coupé en dés
20 ml/2 cuillères à soupe de chutney de mangue
30 ml/2 cuillères à soupe de sauce hoisin
30 ml/2 cuillères à soupe de sauce soja
5 ml/1 cuillère à café de poudre aux cinq épices
1 gousse d'ail, écrasée
5 ml/1 cuillère à café de sel
1 œuf battu
45 ml/3 cuillères à soupe de farine de maïs (amidon de maïs)
60 ml/4 cuillères à soupe de ciboulette hachée

10 feuilles de chou
300 ml/¬Ω pt/1¬° tasse de bouillon de bœuf

Faites tremper les champignons dans l'eau tiède pendant 30 minutes puis égouttez-les. Jetez les chapeaux et hachez-les. Mélanger avec la viande hachée, l'oignon, le chutney, la sauce hoisin, la sauce soja, la poudre de cinq épices et l'ail et assaisonner de sel. Ajouter l'œuf et la maïzena et incorporer la ciboulette. Tapisser le panier vapeur avec les feuilles de chou. Façonnez le hachis en forme de gâteau et placez-le sur les feuilles. Couvrir et cuire à la vapeur sur un bouillon de viande frémissant doucement pendant 30 minutes.

Boeuf Haché à la Vapeur

Pour 4 personnes
450 g/1 lb de bœuf haché (haché)
2 oignons, finement hachés
100 g de châtaignes d'eau, finement haché

60 ml/4 cuillères à soupe de sauce soja
60 ml/4 cuillères à soupe de vin de riz ou de xérès sec
sel et poivre fraîchement moulu

Mélanger tous les ingrédients en assaisonnant au goût avec du sel et du poivre. Presser dans un petit bol résistant à la chaleur et placer dans un cuiseur vapeur au-dessus de l'eau frémissante. Couvrir et cuire à la vapeur pendant environ 20 minutes jusqu'à ce que la viande soit cuite et que le plat ait créé sa propre sauce savoureuse.

Haché Sauté à la Sauce aux Huîtres

Pour 4 personnes
30 ml/2 cuillères à soupe d'huile d'arachide
2 gousses d'ail, écrasées
225 g/8 oz de bœuf haché (haché)
1 oignon, haché
50 g de châtaignes d'eau hachées
50 g/2 oz de pousses de bambou, hachées
15 ml/1 cuillère à soupe de sauce soja
30 ml/2 cuillères à soupe de vin de riz ou de xérès sec
15 ml/1 cuillère à soupe de sauce aux huîtres

Faites chauffer l'huile et faites revenir l'ail jusqu'à ce qu'il soit légèrement doré. Ajouter la viande et remuer jusqu'à ce qu'elle soit dorée de tous les côtés. Ajoutez l'oignon, les châtaignes d'eau et les pousses de bambou et faites sauter pendant 2 minutes. Incorporer la sauce soja et le vin ou le xérès, couvrir et laisser mijoter 4 minutes.

Rouleaux de boeuf

Pour 4 personnes
350 g/12 oz de bœuf haché (haché)
1 œuf battu
5 ml/1 cuillère à café de farine de maïs (amidon de maïs)
5 ml/1 cuillère à café d'huile d'arachide
sel et poivre fraîchement moulu
4 oignons nouveaux (oignons verts), hachés
8 feuilles de rouleaux de printemps, huile pour friture

Mélangez le bœuf, l'œuf, la maïzena, l'huile, le sel, le poivre et les oignons nouveaux. Laisser reposer 1 heure. Disposez des cuillerées du mélange dans chaque feuille de rouleau de printemps, repliez le fond, repliez les côtés puis enroulez les feuilles en scellant les bords avec un peu d'eau. Faites chauffer l'huile et faites frire les petits pains jusqu'à ce qu'ils soient dorés et bien cuits. Bien égoutter avant de servir.

Boulettes de boeuf et épinards

Pour 4 personnes

450 g/1 lb de bœuf haché (haché)

1 oeuf

100 g de chapelure

60 ml/4 cuillères à soupe d'eau

15 ml/1 cuillère à soupe de farine de maïs (amidon de maïs)

2,5 ml/¬Ω cuillère à café de sel

15 ml/1 cuillère à soupe de vin de riz ou de xérès sec

30 ml/2 cuillères à soupe d'huile d'arachide

45 ml/3 cuillères à soupe de sauce soja

120 ml/4 fl oz/½ tasse de bouillon de bœuf
350 g/12 oz d'épinards, râpés

Mélangez le bœuf, l'œuf, la chapelure, l'eau, la maïzena, le sel et le vin ou le xérès. Façonner des boules de la taille d'une noix. Faites chauffer l'huile et faites frire les boulettes de viande jusqu'à ce qu'elles soient dorées de tous les côtés. Retirer de la poêle et égoutter tout excès d'huile. Ajoutez la sauce soja et le bouillon dans la poêle et remettez les boulettes de viande. Portez à ébullition, couvrez et laissez mijoter 30 minutes en retournant de temps en temps. Faites cuire les épinards à la vapeur dans une poêle séparée jusqu'à ce qu'ils soient juste ramollis, puis incorporez-les au bœuf et faites chauffer.

Bœuf Sauté au Tofu

Pour 4 personnes

20 ml/4 cuillères à café de farine de maïs (amidon de maïs)
10 ml/2 cuillères à café de sauce soja
10 ml/2 cuillères à café de vin de riz ou de xérès sec
225 g/8 oz de bœuf haché (haché)
2,5 ml/½ cuillère à café de sucre
30 ml/2 cuillères à soupe d'huile d'arachide
2,5 ml/½ cuillère à café de sel
1 gousse d'ail, écrasée

120 ml/4 fl oz/½ tasse de bouillon de bœuf
225 g/8 oz de tofu, coupé en cubes
2 oignons nouveaux (oignons verts), hachés
pincée de poivre fraîchement moulu

Mélangez la moitié de la maïzena, la moitié de la sauce soja et la moitié du vin ou du xérès. Ajouter au bœuf et bien mélanger. Faites chauffer l'huile et faites revenir le sel et l'ail pendant quelques secondes. Ajouter le bœuf et faire sauter jusqu'à ce qu'il soit juste doré. Incorporer le bouillon et porter à ébullition. Ajoutez le tofu, couvrez et laissez mijoter 2 minutes. Mélangez le reste de la maïzena, la sauce soja et le vin ou le xérès, ajoutez-les dans la poêle et laissez mijoter en remuant jusqu'à ce que la sauce épaississe.

Agneau aux asperges

Pour 4 personnes

350 g d'asperges
450 g/1 lb d'agneau maigre
45 ml/3 cuillères à soupe d'huile d'arachide
sel et poivre fraîchement moulu
2 gousses d'ail, écrasées
250 ml/8 fl oz/1 tasse de bouillon
1 tomate, pelée et coupée en quartiers

15 ml/1 cuillère à soupe de farine de maïs (amidon de maïs)
45 ml/3 cuillères à soupe d'eau
15 ml/1 cuillère à soupe de sauce soja

Coupez les asperges en morceaux en diagonale et placez-les dans un bol. Versez sur de l'eau bouillante et laissez reposer 2 minutes puis égouttez. Tranchez finement l'agneau contre le grain. Faites chauffer l'huile et faites sauter l'agneau jusqu'à ce qu'il soit légèrement coloré. Ajoutez le sel, le poivre et l'ail et faites sauter pendant 5 minutes. Ajouter les asperges, le bouillon et la tomate, porter à ébullition, couvrir et laisser mijoter 2 minutes. Mélangez la maïzena, l'eau et la sauce soja pour obtenir une pâte, mélangez-la dans la poêle et laissez mijoter en remuant jusqu'à ce que la sauce soit claire et épaissie.

Agneau au Barbecue

Pour 4 personnes

450 g/1 lb d'agneau maigre, coupé en lanières
120 ml/4 fl oz/¬Ω tasse de sauce soja
120 ml/4 fl oz/¬Ω tasse de vin de riz ou de xérès sec
1 gousse d'ail, écrasée
3 oignons nouveaux (oignons verts), hachés
5 ml/1 cuillère à café d'huile de sésame
sel et poivre fraîchement moulu

Placer l'agneau dans un bol. Mélangez le reste des ingrédients, versez sur l'agneau et laissez mariner 1 heure. Griller (griller) sur des charbons ardents jusqu'à ce que l'agneau soit cuit, en l'arrosant de sauce, au besoin.

Agneau aux Haricots Verts

Pour 4 personnes

450 g de haricots verts, coupés en julienne
45 ml/3 cuillères à soupe d'huile d'arachide
450 g/1 lb d'agneau maigre, tranché finement
250 ml/8 fl oz/1 tasse de bouillon
5 ml/1 cuillère à café de sel
2,5 ml/¬Ω cuillère à café de poivre fraîchement moulu
15 ml/1 cuillère à soupe de farine de maïs (amidon de maïs)
5 ml/1 cuillère à café de sauce soja
75 ml/5 cuillères à soupe d'eau

Blanchir les haricots dans l'eau bouillante pendant 3 minutes puis bien les égoutter. Faites chauffer l'huile et faites frire la viande jusqu'à ce qu'elle soit légèrement dorée de tous les côtés. Ajouter le bouillon, porter à ébullition, couvrir et laisser mijoter 5 minutes. Ajoutez les haricots, salez et poivrez, couvrez et laissez mijoter 4 minutes jusqu'à ce que la viande soit cuite. Mélangez la maïzena, la sauce soja et l'eau pour obtenir une pâte, mélangez dans la casserole et laissez mijoter en remuant jusqu'à ce que la sauce soit claire et épaissie.

Agneau braisé

Pour 4 personnes

450 g/1 lb d'épaule d'agneau désossée, coupée en cubes
15 ml/1 cuillère à soupe d'huile d'arachide
4 oignons nouveaux (oignons verts), tranchés
10 ml/2 cuillères à café de racine de gingembre râpée
200 ml/¬Ω pt/1¬° tasse de bouillon de poulet
30 ml/2 cuillères à soupe de sucre
30 ml/2 cuillères à soupe de sauce soja
15 ml/1 cuillère à soupe de sauce hoisin

15 ml/1 cuillère à soupe de vin de riz ou de xérès sec
5 ml/1 cuillère à café d'huile de sésame

Blanchir l'agneau 5 minutes dans l'eau bouillante puis l'égoutter. Faites chauffer l'huile et faites sauter l'agneau pendant environ 5 minutes jusqu'à ce qu'il soit doré. Retirer de la poêle et égoutter sur du papier absorbant. Retirez tout l'huile de la poêle sauf 15 ml/1 cuillère à soupe. Réchauffez l'huile et faites revenir les oignons nouveaux et le gingembre pendant 2 minutes. Remettez la viande dans la poêle avec le reste des ingrédients. Porter à ébullition, couvrir et laisser mijoter doucement pendant 1¬Ω heures jusqu'à ce que la viande soit tendre.

Agneau au Brocoli

Pour 4 personnes

75 ml/5 cuillères à soupe d'huile d'arachide
1 gousse d'ail, écrasée
450 g/1 lb d'agneau, coupé en lanières
450 g/1 lb de fleurons de brocoli
250 ml/8 fl oz/1 tasse de bouillon
5 ml/1 cuillère à café de sel

2,5 ml/½ cuillère à café de poivre fraîchement moulu
30 ml/2 cuillères à soupe de farine de maïs (amidon de maïs)
75 ml/5 cuillères à soupe d'eau
5 ml/1 cuillère à café de sauce soja

Faites chauffer l'huile et faites revenir l'ail et l'agneau jusqu'à ce qu'ils soient bien cuits. Ajouter le brocoli et le bouillon, porter à ébullition, couvrir et laisser mijoter environ 15 minutes jusqu'à ce que le brocoli soit tendre. Assaisonnez avec du sel et du poivre. Mélangez la maïzena, l'eau et la sauce soja pour obtenir une pâte, mélangez-la dans la poêle et laissez mijoter en remuant jusqu'à ce que la sauce soit claire et épaissie.

Agneau aux Châtaignes d'Eau

Pour 4 personnes

350 g/12 oz d'agneau maigre, coupé en morceaux
15 ml/1 cuillère à soupe d'huile d'arachide
2 oignons nouveaux (oignons verts), tranchés
2 tranches de racine de gingembre, hachées
2 piments rouges, hachés
600 ml/1 pt/2½ tasses d'eau

100 g/4 oz de navet, en cubes

1 carotte, coupée en dés

1 bâton de cannelle

2 gousses d'anis étoilé

2,5 ml/¬Ω cuillère à café de sucre

15 ml/1 cuillère à soupe de sauce soja

15 ml/1 cuillère à soupe de vin de riz ou de xérès sec

100 g de châtaignes d'eau

15 ml/1 cuillère à soupe de farine de maïs (amidon de maïs)

45 ml/3 cuillères à soupe d'eau

Blanchir l'agneau 2 minutes dans l'eau bouillante puis l'égoutter. Faites chauffer l'huile et faites revenir les oignons nouveaux, le gingembre et les piments pendant 30 secondes. Ajouter l'agneau et faire sauter jusqu'à ce qu'il soit bien enrobé d'épices. Ajouter le reste des ingrédients sauf les châtaignes d'eau, la maïzena et l'eau, porter à ébullition, couvrir partiellement et laisser mijoter environ 1 heure jusqu'à ce que l'agneau soit tendre. Vérifiez de temps en temps et complétez avec de l'eau bouillante si nécessaire. Retirez la cannelle et l'anis, ajoutez les châtaignes d'eau et laissez mijoter à découvert pendant environ 5 minutes. Mélangez la maïzena et l'eau pour obtenir une pâte et incorporez-en un peu à la sauce. Laisser mijoter en remuant jusqu'à ce que la sauce épaississe. Vous n'aurez peut-être pas besoin de toute la pâte de maïzena si vous avez laissé la sauce réduire pendant la cuisson.

Agneau au chou

Pour 4 personnes

45 ml/3 cuillères à soupe d'huile d'arachide
450 g/1 lb d'agneau, tranché finement
sel et poivre noir fraîchement moulu
1 gousse d'ail, écrasée
450 g/1 lb de chou chinois, râpé
120 ml/4 fl oz/¬Ω tasse de bouillon
15 ml/1 cuillère à soupe de farine de maïs (amidon de maïs)
15 ml/1 cuillère à soupe de sauce soja
60 ml/4 cuillères à soupe d'eau

Faites chauffer l'huile et faites revenir l'agneau, le sel, le poivre et l'ail jusqu'à ce qu'ils soient légèrement dorés. Ajouter le chou et remuer jusqu'à ce qu'il soit recouvert d'huile. Ajoutez le bouillon, portez à ébullition, couvrez et laissez mijoter 10 minutes.

Mélangez la maïzena, la sauce soja et l'eau pour obtenir une pâte, mélangez dans la casserole et laissez mijoter en remuant jusqu'à ce que la sauce soit claire et épaissie.

Chow Mein à l'Agneau

Pour 4 personnes

450 g/1 lb de nouilles aux œufs
45 ml/3 cuillères à soupe d'huile d'arachide
450 g/1 lb d'agneau, tranché
1 oignon, tranché
1 cœur de céleri, tranché
100 g de champignons
100 g/4 oz de germes de soja
20 ml/2 cuillères à café de farine de maïs (amidon de maïs)
175 ml/6 fl oz/¬œ tasse d'eau
sel et poivre fraîchement moulu

Faites cuire les nouilles dans l'eau bouillante pendant environ 8 minutes puis égouttez-les. Faites chauffer l'huile et faites sauter l'agneau jusqu'à ce qu'il soit légèrement doré. Ajouter l'oignon, le céleri, les champignons et les germes de soja et

faire sauter pendant 5 minutes. Mélangez la maïzena et l'eau, versez dans la casserole et portez à ébullition. Laisser mijoter en remuant jusqu'à ce que la sauce épaississe. Verser sur les nouilles et servir aussitôt.

Curry d'agneau

Pour 4 personnes

30 ml/2 cuillères à soupe d'huile d'arachide
2 gousses d'ail, écrasées
1 tranche de racine de gingembre, hachée
450 g/1 lb d'agneau maigre, coupé en cubes
100 g/4 oz de pomme de terre, en cubes
2 carottes, coupées en cubes
15 ml/1 cuillère à soupe de curry en poudre
250 ml/8 fl oz/1 tasse de bouillon de poulet
100 g/4 oz de champignons, tranchés

1 poivron vert, coupé en dés
50 g de châtaignes d'eau tranchées

Faites chauffer l'huile et faites revenir l'ail et le gingembre jusqu'à ce qu'ils soient légèrement dorés. Ajouter l'agneau et faire sauter pendant 5 minutes. Ajoutez la pomme de terre et les carottes et faites sauter pendant 3 minutes. Ajoutez la poudre de curry et faites sauter pendant 1 minute. Incorporer le bouillon, porter à ébullition, couvrir et laisser mijoter environ 25 minutes. Ajoutez les champignons, le poivre et les châtaignes d'eau et laissez mijoter 5 minutes. Si vous préférez une sauce plus épaisse, faites bouillir quelques minutes pour réduire la sauce ou épaississez-la avec 15 ml/1 cuillère à soupe de maïzena mélangée à un peu d'eau.

Agneau Parfumé

Pour 4 personnes

30 ml/2 cuillères à soupe d'huile d'arachide
450 g/1 lb d'agneau maigre, coupé en cubes
2 oignons nouveaux (oignons verts), hachés
1 gousse d'ail, écrasée
1 tranche de racine de gingembre, hachée
120 ml/4 fl oz/½ tasse de sauce soja
15 ml/1 cuillère à soupe de vin de riz ou de xérès sec
15 ml/1 cuillère à soupe de cassonade
2,5 ml/½ cuillère à café de sel
poivre fraîchement moulu
300 ml/½ pt/1¼ tasse d'eau

Faites chauffer l'huile et faites frire l'agneau jusqu'à ce qu'il soit légèrement doré. Ajoutez les oignons nouveaux, l'ail et le gingembre et faites revenir 2 minutes. Ajoutez la sauce soja, le vin ou le xérès, le sucre et le sel et assaisonnez avec du poivre au goût. Mélangez bien les ingrédients. Ajouter l'eau, porter à ébullition, couvrir et laisser mijoter 2 heures.

Cubes d'agneau grillés

Pour 4 personnes

120 ml/4 fl oz/¬Ω tasse d'huile d'arachide

60 ml/4 cuillères à soupe de vinaigre de vin

2 gousses d'ail, écrasées

15 ml/1 cuillère à soupe de sauce soja

5 ml/1 cuillère à café de sel

2,5 ml/¬Ω cuillère à café de poivre fraîchement moulu

2,5 ml/¬Ω cuillère à café d'origan

450 g/1 lb d'agneau maigre, coupé en cubes

Mélanger tous les ingrédients, couvrir et laisser mariner toute la nuit. Vidange. Disposez la viande sur une grille (gril) et faites-la griller (gril) pendant environ 15 minutes, en la retournant plusieurs fois, jusqu'à ce que l'agneau soit tendre et légèrement doré.

Agneau au Mangetout

Pour 4 personnes

2 gousses d'ail, écrasées

2,5 ml/½ cuillère à café de sel

450 g/1 lb d'agneau, coupé en dés

30 ml/ 2 cuillères à soupe de farine de maïs (amidon de maïs)

30 ml/2 cuillères à soupe d'huile d'arachide

450 g de mangetout (pois mange-tout), coupés en 4

250 ml/8 fl oz/1 tasse de bouillon de poulet

10 ml/2 cuillères à café de zeste de citron râpé

30 ml/2 cuillères à soupe de miel

30 ml/2 cuillères à soupe de sauce soja

5 ml/1 cuillère à café de coriandre moulue

5 ml/1 cuillère à café de graines de carvi moulues

30 ml/2 cuillères à soupe de purée de tomates (pâte)

30 ml/2 cuillères à soupe de vinaigre de vin

Mélangez l'ail et le sel et mélangez avec l'agneau. Enrober l'agneau de maïzena. Faites chauffer l'huile et faites sauter l'agneau jusqu'à ce qu'il soit cuit. Ajoutez le mangetout et faites sauter pendant 2 minutes. Mélangez le reste de maïzena avec le bouillon et versez dans la poêle avec le reste des ingrédients. Portez à ébullition en remuant, puis laissez mijoter 3 minutes.

Agneau mariné

Pour 4 personnes

450 g/1 lb d'agneau maigre
2 gousses d'ail, écrasées
5 ml/1 cuillère à café de sel
120 ml/4 fl oz/¬Ω tasse de sauce soja
5 ml/1 cuillère à café de sel de céleri
huile pour friture

Placer l'agneau dans une casserole et couvrir simplement d'eau froide. Ajouter l'ail et le sel, porter à ébullition, couvrir et laisser mijoter 1 heure jusqu'à ce que l'agneau soit cuit. Retirer de la poêle et égoutter. Placer l'agneau dans un bol, ajouter la sauce soja et saupoudrer de sel de céleri. Couvrir et laisser mariner 2 heures ou toute la nuit. Coupez l'agneau en petits morceaux. Faites chauffer l'huile et faites frire l'agneau jusqu'à ce qu'il soit cassant. Bien égoutter avant de servir.

Agneau aux Champignons

Pour 4 personnes

45 ml/3 cuillères à soupe d'huile d'arachide
350 g/12 oz de champignons, tranchés
100 g/4 oz de pousses de bambou, tranchées
3 tranches de racine de gingembre, hachées
450 g/1 lb d'agneau, tranché finement
250 ml/8 fl oz/1 tasse de bouillon
15 ml/1 cuillère à soupe de farine de maïs (amidon de maïs)
15 ml/1 cuillère à soupe de sauce soja
60 ml/4 cuillères à soupe d'eau

Faites chauffer l'huile et faites revenir les champignons, les pousses de bambou et le gingembre pendant 3 minutes. Ajouter l'agneau et faire sauter jusqu'à ce qu'il soit légèrement doré. Ajouter le bouillon, porter à ébullition, couvrir et laisser mijoter environ 30 minutes jusqu'à ce que l'agneau soit cuit et que la sauce ait réduit de moitié. Mélangez la maïzena, la sauce soja et l'eau, mélangez dans la casserole et laissez mijoter en remuant jusqu'à ce que la sauce soit claire et épaissie.

Agneau à la Sauce aux Huîtres

Pour 4 personnes

30 ml/2 cuillères à soupe d'huile d'arachide
1 gousse d'ail, écrasée
1 tranche de gingembre finement hachée
450 g/1 lb d'agneau maigre, tranché
250 ml/8 fl oz/1 tasse de bouillon
30 ml/2 cuillères à soupe de sauce aux huîtres
15 ml/1 cuillère à soupe de vin de riz ou de xérès
5 ml/1 cuillère à café de sucre

Faites chauffer l'huile avec l'ail et le gingembre et faites-les revenir jusqu'à ce qu'ils soient légèrement dorés. Ajouter l'agneau et faire sauter pendant environ 3 minutes jusqu'à ce qu'il soit légèrement doré. Ajouter le bouillon, la sauce aux huîtres, le vin ou le xérès et le sucre, porter à ébullition en remuant, puis couvrir et laisser mijoter environ 30 minutes, en remuant de temps en temps, jusqu'à ce que l'agneau soit bien cuit. Retirez le couvercle et poursuivez la cuisson en remuant pendant environ 4 minutes jusqu'à ce que la sauce ait réduit et épaissi.

Agneau Cuit Rouge

Pour 4 personnes

30 ml/2 cuillères à soupe d'huile d'arachide
450 g/1 lb de côtelettes d'agneau
250 ml/8 fl oz/1 tasse de bouillon de poulet
1 oignon, coupé en quartiers
120 ml/4 fl oz/½ tasse de sauce soja
5 ml/1 cuillère à café de sel
1 tranche de racine de gingembre, hachée

Faites chauffer l'huile et faites frire les côtelettes jusqu'à ce qu'elles soient dorées des deux côtés. Ajouter le reste des ingrédients, porter à ébullition, couvrir et laisser mijoter environ 1½ heures jusqu'à ce que l'agneau soit tendre et que la sauce ait réduit.

Agneau aux oignons nouveaux

Pour 4 personnes

350 g/12 oz d'agneau maigre, coupé en cubes
30 ml/2 cuillères à soupe de sauce soja
30 ml/2 cuillères à soupe de vin de riz ou de xérès sec
30 ml/2 cuillères à soupe d'huile d'arachide
2 gousses d'ail, écrasées
8 oignons nouveaux (oignons verts), tranchés épaissement

Placer l'agneau dans un bol. Mélangez 15 ml/1 cuillère à soupe de sauce soja, 15 ml/1 cuillère à soupe de vin ou de xérès et 15 ml/1 cuillère à soupe d'huile et incorporez à l'agneau. Laisser mariner 30 minutes. Faites chauffer le reste de l'huile et faites revenir l'ail jusqu'à ce qu'il soit légèrement doré. Égoutter la viande, l'ajouter à la poêle et faire sauter pendant 3 minutes. Ajoutez les oignons nouveaux et faites sauter pendant 2 minutes. Ajoutez la marinade et le reste de la sauce soja et le vin ou le xérès et faites sauter pendant 3 minutes.

Steaks d'agneau tendres

Pour 4 personnes

450 g/1 lb d'agneau maigre

15 ml/1 cuillère à soupe de sauce soja

10 ml/2 cuillères à café de vin de riz ou de xérès sec

2,5 ml/½ cuillère à café de sel

1 petit oignon, haché

45 ml/3 cuillères à soupe d'huile d'arachide

Tranchez finement l'agneau contre le grain et disposez-le dans un plat. Mélangez la sauce soja, le vin ou le xérès, le sel et l'huile, versez sur l'agneau, couvrez et laissez mariner 1 heure. Bien égoutter. Faites chauffer l'huile et faites frire l'agneau pendant environ 2 minutes jusqu'à ce qu'il soit juste tendre.

Ragoût d'agneau

Pour 4 personnes

45 ml/3 cuillères à soupe d'huile d'arachide

2 gousses d'ail, écrasées

5 ml/1 cuillère à café de sauce soja

450 g/1 lb d'agneau maigre, coupé en cubes

poivre fraîchement moulu

30 ml/2 cuillères à soupe de farine nature (tout usage)

300 ml/¬Ω pt/1¬° tasse d'eau

15 ml/1 cuillère à soupe de purée de tomates (pâte)

1 feuille de laurier

100 g/4 oz de champignons, coupés en deux

3 carottes, coupées en quartiers

6 petits oignons, coupés en quartiers

15 ml/1 cuillère à soupe de sucre

1 branche de céleri, tranchée

3 pommes de terre, coupées en cubes

15 ml/1 cuillère à soupe de vin de riz ou de xérès sec

50 g de petits pois

15 ml/1 cuillère à soupe de persil frais haché

Faites chauffer la moitié de l'huile. Mélanger l'ail et la sauce soja avec l'agneau et assaisonner de poivre. Faire frire la viande jusqu'à ce qu'elle soit légèrement dorée. Saupoudrer de farine et cuire en remuant jusqu'à ce que la farine soit absorbée. Ajouter l'eau, le concentré de tomates et le laurier, porter à ébullition, couvrir et laisser mijoter 30 minutes. Faites chauffer le reste de l'huile et faites revenir les champignons pendant 3 minutes puis retirez-les de la poêle. Ajoutez les carottes et les oignons dans la poêle et faites revenir 2 minutes. Saupoudrer de sucre et chauffer jusqu'à ce que les légumes brillent. Ajoutez les champignons, les carottes, les oignons, le céleri et les pommes de terre au ragoût, couvrez à nouveau et laissez mijoter encore 1 heure. Ajoutez le vin ou le xérès, les petits pois et le persil, couvrez et laissez mijoter encore 30 minutes.

Agneau Sauté

Pour 4 personnes

350 g/12 oz d'agneau maigre, coupé en lanières
1 tranche de racine de gingembre, hachée finement
3 œufs battus
45 ml/3 cuillères à soupe d'huile d'arachide
2,5 ml/¬Ω cuillère à café de sel
5 ml/1 cuillère à café de vin de riz ou de xérès sec

Mélangez l'agneau, le gingembre et les œufs. Faites chauffer l'huile et faites sauter le mélange d'agneau pendant 2 minutes. Incorporer le sel et le vin ou le xérès et faire sauter pendant 2 minutes.

Agneau et Légumes

Pour 4 personnes

225 g/8 oz d'agneau maigre, tranché

100 g/4 oz de pousses de bambou, tranchées

100 g/4 oz de châtaignes d'eau, tranchées

100 g/4 oz de champignons, tranchés

30 ml/2 cuillères à soupe d'huile d'arachide

30 ml/2 cuillères à soupe de sauce soja

30 ml/2 cuillères à soupe de vin de riz ou de xérès sec

2 gousses d'ail, écrasées

4 oignons nouveaux (oignons verts), tranchés

150 ml/¬° pt/généreuse ¬Ω tasse de bouillon de poulet

15 ml/1 cuillère à soupe d'huile de sésame

15 ml/1 cuillère à soupe de farine de maïs (amidon de maïs)

Mélangez l'agneau, les pousses de bambou, les châtaignes d'eau et les champignons. Mélangez 15 ml/1 cuillère à soupe d'huile, 15 ml/1 cuillère à soupe de sauce soja et 15 ml/1 cuillère à soupe de vin ou de xérès et versez sur le mélange d'agneau. Laisser mariner 1 heure. Faites chauffer le reste de l'huile et faites revenir l'ail jusqu'à ce qu'il soit légèrement doré. Ajouter le mélange de viande et faire sauter jusqu'à ce qu'il soit doré. Incorporez les oignons nouveaux puis ajoutez le reste de la sauce soja et le vin ou le xérès, la majeure partie du bouillon et l'huile de sésame. Portez à ébullition en remuant, couvrez et laissez mijoter 10 minutes. Mélangez la maïzena avec le reste du bouillon, incorporez-la à la sauce et laissez mijoter en remuant jusqu'à ce que la sauce soit claire et épaissie.

Agneau au Tofu

Pour 4 personnes

60 ml/4 cuillères à soupe d'huile d'arachide
450 g/1 lb d'agneau maigre, haché grossièrement
3 gousses d'ail écrasées
2 oignons nouveaux (oignons verts), hachés
4 châtaignes d'eau coupées en dés
5 ml/1 cuillère à café de zeste d'orange râpé
15 ml/1 cuillère à soupe de sauce soja

pincée de sel

100 g/4 oz de tofu, en cubes

2,5 ml/½ cuillère à café de sauce aux huîtres

2,5 ml/½ cuillère à café d'huile de sésame

Faites chauffer la moitié de l'huile et faites revenir l'agneau, l'ail et les oignons jusqu'à ce qu'ils soient légèrement dorés. Ajoutez les châtaignes d'eau, le zeste d'orange et la sauce soja et suffisamment d'eau bouillante pour recouvrir la viande. Ramenez à ébullition, couvrez et laissez mijoter environ 30 minutes jusqu'à ce que l'agneau soit bien tendre. Pendant ce temps, faites chauffer le reste de l'huile et faites sauter le tofu jusqu'à ce qu'il soit légèrement doré. Ajoutez-le à l'agneau avec la sauce d'huîtres et l'huile de sésame et laissez mijoter à découvert pendant 5 minutes.

Agneau rôti

Pour 4 à 6 personnes

2 kg/4 lb de gigot d'agneau

120 ml/4 fl oz/¬Ω tasse de sauce soja

1 oignon, finement haché

2 gousses d'ail, écrasées

1 tranche de racine de gingembre, hachée

50 g/2 oz/¬º tasse de cassonade

30 ml/2 cuillères à soupe de vin de riz ou de xérès sec

30 ml/2 cuillères à soupe de purée de tomates (pâte)

15 ml/1 cuillère à soupe de vinaigre de vin

15 ml/1 cuillère à soupe de jus de citron

Disposez l'agneau dans un plat. Réduisez en purée le reste des ingrédients, puis versez-les sur l'agneau, couvrez et réfrigérez toute la nuit, en retournant et en arrosant de temps en temps.

Rôtir l'agneau dans un four préchauffé à 220°C/425°F/thermostat 7 pendant 10 minutes puis réduire le feu à 190°C/375°F/thermostat 5 et poursuivre la cuisson 20 minutes par minute. 450 g/1 lb plus 20 minutes, en arrosant de temps en temps avec la marinade.

Agneau rôti à la moutarde

Pour 8 personnes

75 ml/5 cuillères à soupe de moutarde préparée
15 ml/1 cuillère à soupe de sauce soja
1 gousse d'ail, écrasée
5 ml/1 cuillère à café de thym frais haché
1 tranche de racine de gingembre, hachée
15 ml/1 cuillère à soupe d'huile d'arachide
1,25 kg/3 lb de gigot d'agneau

Mélanger tous les ingrédients de l'assaisonnement jusqu'à obtenir une consistance crémeuse. Répartir sur l'agneau et laisser reposer quelques heures. Rôtir dans un four préchauffé à 180°C/350°F/gaz thermostat 4 pendant environ 1½ heures.

Poitrine d'agneau farcie

Pour 6 à 8 personnes

1 poitrine d'agneau
225 g/8 oz de riz à grains longs cuit
1 petit poivron vert, haché
2 oignons nouveaux (oignons verts), hachés
90 ml/6 cuillères à soupe d'huile d'arachide
sel et poivre fraîchement moulu
375 ml/13 fl oz/1¬Ω tasses d'eau
15 ml/1 cuillère à soupe de farine de maïs (amidon de maïs)
15 ml/1 cuillère à soupe de sauce soja

Découpez une poche dans le bout large de la poitrine d'agneau. Mélangez le riz, le poivre, les oignons nouveaux, 30 ml/2 cuillères à soupe d'huile, le sel et le poivre et farcissez la cavité avec ce mélange. Fixez l'extrémité avec de la ficelle. Faites chauffer le reste de l'huile et faites frire l'agneau jusqu'à ce qu'il soit légèrement doré de tous les côtés. Assaisonner de sel et de poivre, ajouter 250 ml/8 fl oz/1 tasse d'eau, porter à ébullition, couvrir et laisser mijoter pendant 2 heures ou jusqu'à ce que la viande soit tendre. Mélangez la maïzena, la sauce soja et le reste de l'eau pour obtenir une pâte, mélangez dans la poêle et laissez mijoter en remuant jusqu'à ce que la sauce soit claire et épaissie.

Agneau au four

Pour 4 personnes

100 g de chapelure

4 œufs durs (cuit dur), hachés

225 g/8 oz d'agneau cuit, haché

300 ml/¬Ω pt/1¬° tasse de bouillon

15 ml/1 cuillère à soupe de sauce soja

15 ml/1 cuillère à soupe de farine de maïs (amidon de maïs)

30 ml/2 cuillères à soupe d'eau

Disposez la chapelure, les œufs durs et l'agneau en couches dans un plat allant au four. Portez à ébullition le bouillon et la sauce soja dans une casserole. Mélangez la maïzena et l'eau pour obtenir une pâte, incorporez-la au bouillon et laissez mijoter en remuant jusqu'à ce que la sauce épaississe. Verser sur le mélange d'agneau, couvrir et cuire au four préchauffé à 180 ¬∞C/350

¬∞C/thermostat 4 pendant environ 25 minutes jusqu'à ce qu'il soit doré.

Agneau et Riz

Pour 4 personnes

30 ml/2 cuillères à soupe d'huile d'arachide
350 g/12 oz d'agneau cuit, coupé en cubes
Bouillon de 600 ml/1 pt/2¬Ω tasses
10 ml/2 cuillères à café de sel
10 ml/2 cuillères à café de sauce soja
4 oignons, coupés en quartiers
2 carottes, tranchées
50 g de petits pois
15 ml/1 cuillère à soupe de farine de maïs (amidon de maïs)
30 ml/2 cuillères à soupe d'eau
350 g/12 oz de riz à grains longs cuit, chaud

Faites chauffer l'huile et faites frire l'agneau jusqu'à ce qu'il soit légèrement doré. Ajoutez le bouillon, le sel et la sauce soja, portez à ébullition, couvrez et laissez mijoter 10 minutes. Ajouter les oignons, les carottes et les petits pois, couvrir et laisser mijoter 20 minutes jusqu'à ce que les légumes soient tendres. Versez le liquide dans une casserole. Mélangez la maïzena et l'eau pour obtenir une pâte, incorporez-la à la sauce et laissez mijoter en remuant jusqu'à ce que la sauce soit claire et épaissie. Disposez le riz sur une assiette de service chaude et empilez le mélange d'agneau dessus. Versez dessus la sauce et servez aussitôt.

Agneau de saule

Pour 3 personnes
450 g/1 lb d'agneau maigre
1 œuf légèrement battu
30 ml/2 cuillères à soupe de sauce soja
5 ml/1 cuillère à café de farine de maïs (amidon de maïs)
pincée de sel
huile pour friture
1 petite carotte, râpée
1 gousse d'ail, écrasée
2,5 ml/¬Ω cuillère à café de sucre
2,5 ml/¬Ω cuillère à café de vinaigre de vin
2,5 ml/¬Ω cuillère à café de vin de riz ou de xérès sec

poivre fraîchement moulu

Coupez l'agneau en fines lanières d'environ 5 cm de long. Mélangez l'œuf, 15 ml/1 cuillère à soupe de sauce soja, la maïzena et le sel, mélangez avec l'agneau et laissez mariner encore 30 minutes. Faites chauffer l'huile et faites frire l'agneau jusqu'à ce qu'il soit à moitié cuit. Retirer de la poêle et égoutter. Videz tout sauf 30 ml/2 cuillères à soupe d'huile et faites revenir la carotte et l'ail pendant 1 minute. Ajouter l'agneau et le reste des ingrédients et faire sauter pendant 3 minutes.

Porc aux Amandes

Pour 4 personnes

60 ml/4 cuillères à soupe d'huile d'arachide
50 g/2 oz/½ tasse d'amandes effilées
350 g/12 oz de porc, coupé en dés
100 g/4 oz de pousses de bambou, coupées en dés
3 branches de céleri, coupées en dés
50 g de petits pois
4 châtaignes d'eau coupées en dés
100 g/4 oz de champignons, coupés en dés
250 ml/8 fl oz/1 tasse de bouillon
45 ml/3 cuillères à soupe de sauce soja
sel et poivre fraîchement moulu

Faites chauffer l'huile et faites revenir les amandes jusqu'à ce qu'elles soient légèrement dorées. Retirez la majeure partie de l'huile, ajoutez le porc et faites sauter pendant 1 minute. Ajoutez les pousses de bambou, le céleri, les petits pois, les châtaignes d'eau et les champignons et faites sauter 1 minute. Ajoutez le bouillon, la sauce soja, le sel et le poivre, portez à ébullition, couvrez et laissez mijoter 10 minutes.

Porc aux Pousses de Bambou

Pour 4 personnes

30 ml/2 cuillères à soupe d'huile d'arachide

450 g/1 lb de porc maigre, coupé en cubes

3 oignons nouveaux (oignons verts), tranchés

2 gousses d'ail, écrasées

1 tranche de racine de gingembre, hachée

250 ml/8 fl oz/1 tasse de sauce soja

30 ml/2 cuillères à soupe de vin de riz ou de xérès sec

30 ml/2 cuillères à soupe de cassonade

5 ml/1 cuillère à café de sel

600 ml/1 pt/2½ tasses d'eau

100 g/4 oz de pousses de bambou, tranchées

Faites chauffer l'huile et faites frire le porc jusqu'à ce qu'il soit doré. Égoutter l'excès d'huile, ajouter les oignons nouveaux, l'ail et le gingembre et faire revenir pendant 2 minutes. Ajoutez la sauce soja, le vin ou le xérès, le sucre et le sel et remuez bien. Ajouter l'eau, porter à ébullition, couvrir et laisser mijoter 45 minutes. Ajoutez les pousses de bambou, couvrez et laissez mijoter encore 20 minutes.

Porc au Barbecue

Pour 4 personnes

2 filets de porc
30 ml/2 cuillères à soupe de vin rouge
15 ml/1 cuillère à soupe de cassonade
15 ml/1 cuillère à soupe de miel
60 ml/4 cuillères à soupe de sauce soja
2,5 ml/½ cuillère à café de cannelle
10 ml/2 cuillères à café de colorant alimentaire rouge (facultatif)
1 gousse d'ail, écrasée
1 oignon nouveau (oignon vert), coupé en morceaux

Mettez la viande dans un bol. Mélangez tous les ingrédients restants, versez sur le porc et laissez mariner 2 heures en retournant de temps en temps. Égouttez la viande et placez-la sur une grille dans un plat à rôtir. Cuire au four préchauffé à 180°C/350°'F/thermostat 4 pendant environ 45 minutes en retournant et en arrosant de marinade pendant la cuisson. Servir coupé en fines tranches.

Porc et germes de soja

Pour 4 personnes

225 g/8 oz de porc maigre, coupé en lanières
1 tranche de racine de gingembre, hachée
30 ml/2 cuillères à soupe de sauce soja
15 ml/1 cuillère à soupe de vin de riz ou de xérès sec
2,5 ml/½ cuillère à café de sucre
450 g/1 lb de germes de soja
45 ml/3 cuillères à soupe d'huile d'arachide
2,5 ml/½ cuillère à café de sel

Mélangez le porc, le gingembre, 15 ml/ 1 cuillère à soupe de sauce soja, le vin ou le xérès et le sucre. Blanchir les germes de soja dans l'eau bouillante pendant 2 minutes puis égoutter. Faites chauffer la moitié de l'huile et faites revenir le porc pendant 3 minutes jusqu'à ce qu'il soit légèrement doré. Retirer de la poêle. Faites chauffer le reste de l'huile et faites revenir les germes de soja avec le sel pendant 1 minute. Saupoudrer du reste de sauce soja et faire sauter encore 1 minute. Remettez le porc dans la poêle et faites-le sauter jusqu'à ce qu'il soit bien chaud.

Poulet aux Pousses de Bambou

Pour 4 personnes

45 ml/3 cuillères à soupe d'huile d'arachide

1 gousse d'ail, écrasée

1 oignon nouveau (oignon vert), haché

1 tranche de racine de gingembre, hachée

225 g/8 oz de poitrine de poulet, coupée en lamelles

225 g/8 oz de pousses de bambou, coupées en lamelles

45 ml/3 cuillères à soupe de sauce soja

15 ml/1 cuillère à soupe de vin de riz ou de xérès sec

5 ml/1 cuillère à café de farine de maïs (amidon de maïs)

Faites chauffer l'huile et faites revenir l'ail, l'oignon nouveau et le gingembre jusqu'à ce qu'ils soient légèrement dorés. Ajoutez le poulet et faites sauter pendant 5 minutes. Ajoutez les pousses de bambou et faites sauter pendant 2 minutes. Incorporer la sauce soja, le vin ou le xérès et la maïzena et faire sauter pendant environ 3 minutes jusqu'à ce que le poulet soit bien cuit.

Jambon cuit à la vapeur

Pour 6 à 8 personnes

900 g de jambon frais
30 ml/2 cuillères à soupe de cassonade
60 ml/4 cuillères à soupe de vin de riz ou de xérès sec

Placez le jambon dans un plat résistant à la chaleur sur une grille, couvrez et faites cuire à la vapeur sur de l'eau bouillante pendant environ 1 heure. Ajoutez le sucre et le vin ou le xérès dans le plat, couvrez et faites cuire à la vapeur encore 1 heure ou jusqu'à ce que le jambon soit cuit. Laisser refroidir dans le bol avant de trancher.

Bacon au chou

Pour 4 personnes

4 tranches de bacon, décortiquées et hachées
2,5 ml/½ cuillère à café de sel
1 tranche de racine de gingembre, hachée
½ chou, râpé
75 ml/5 cuillères à soupe de bouillon de poulet
15 ml/1 cuillère à soupe de sauce aux huîtres

Faites frire le bacon jusqu'à ce qu'il soit croustillant, puis retirez-le de la poêle. Ajoutez le sel et le gingembre et faites sauter pendant 2 minutes. Ajoutez le chou et remuez bien puis incorporez le bacon et ajoutez le bouillon, couvrez et laissez mijoter environ 5 minutes jusqu'à ce que le chou soit tendre mais encore légèrement croustillant. Incorporer la sauce aux huîtres, couvrir et laisser mijoter 1 minute avant de servir.

Poulet aux amandes

Pour 4 à 6 personnes

375 ml/13 fl oz/1½ tasse de bouillon de poulet
60 ml/4 cuillères à soupe de vin de riz ou de xérès sec
45 ml/3 cuillères à soupe de farine de maïs (amidon de maïs)
15 ml/1 cuillère à soupe de sauce soja
4 poitrines de poulet
1 blanc d'oeuf
2,5 ml/½ cuillère à café de sel
huile pour friture
75 g/3 oz/½ tasse d'amandes blanchies
1 grosse carotte, coupée en dés
5 ml/1 cuillère à café de racine de gingembre râpée
6 oignons nouveaux (oignons verts), tranchés
3 branches de céleri, tranchées
100 g/4 oz de champignons, tranchés
100 g/4 oz de pousses de bambou, tranchées

Mélangez le bouillon, la moitié du vin ou du xérès, 30 ml/2 cuillères à soupe de maïzena et la sauce soja dans une casserole. Portez à ébullition en remuant, puis laissez mijoter 5 minutes jusqu'à ce que le mélange épaississe. Retirer du feu et réserver au chaud.

Retirez la peau et les os du poulet et coupez-le en morceaux de 2,5 cm. Mélangez le reste du vin ou du xérès et la maïzena, le blanc d'œuf et le sel, ajoutez les morceaux de poulet et remuez bien. Faites chauffer l'huile et faites frire les morceaux de poulet quelques-uns à la fois pendant environ 5 minutes jusqu'à ce qu'ils soient dorés. Bien égoutter. Retirez tout l'huile de la poêle sauf 30 ml/2 cuillères à soupe et faites sauter les amandes pendant 2 minutes jusqu'à ce qu'elles soient dorées. Bien égoutter. Ajoutez la carotte et le gingembre dans la poêle et faites sauter pendant 1 minute. Ajoutez le reste des légumes et faites sauter pendant environ 3 minutes jusqu'à ce que les légumes soient tendres mais encore croustillants. Remettez le poulet et les amandes dans la poêle avec la sauce et remuez à feu modéré pendant quelques minutes jusqu'à ce que le tout soit bien chaud.

Poulet aux amandes et châtaignes d'eau

Pour 4 personnes

6 champignons chinois séchés
4 morceaux de poulet, désossés
100 g d'amandes moulues
sel et poivre fraîchement moulu
60 ml/4 cuillères à soupe d'huile d'arachide
100 g/4 oz de châtaignes d'eau, tranchées
75 ml/5 cuillères à soupe de bouillon de poulet
30 ml/2 cuillères à soupe de sauce soja

Faites tremper les champignons dans l'eau tiède pendant 30 minutes puis égouttez-les. Jetez les tiges et coupez les chapeaux. Tranchez finement le poulet. Assaisonnez généreusement les amandes avec du sel et du poivre et enrobez les tranches de poulet d'amandes. Faites chauffer l'huile et faites frire le poulet jusqu'à ce qu'il soit légèrement doré. Ajoutez les champignons, les châtaignes d'eau, le bouillon et la sauce soja, portez à ébullition, couvrez et laissez mijoter quelques minutes jusqu'à ce que le poulet soit cuit.

Poulet aux amandes et légumes

Pour 4 personnes

75 ml/5 cuillères à soupe d'huile d'arachide

4 tranches de racine de gingembre, hachées

5 ml/1 cuillère à café de sel

100 g/4 oz de chou chinois, râpé

50 g/2 oz de pousses de bambou, coupées en dés

50 g/2 oz de champignons, coupés en dés

2 branches de céleri, coupées en dés

3 châtaignes d'eau coupées en dés

120 ml/4 fl oz/½ tasse de bouillon de poulet

225 g/8 oz de poitrine de poulet, coupée en dés

15 ml/1 cuillère à soupe de vin de riz ou de xérès sec

50 g de mangetout (pois mange-tout)

100 g/4 oz d'amandes effilées, grillées

10 ml/2 cuillères à café de farine de maïs (amidon de maïs)

15 ml/1 cuillère à soupe d'eau

Faites chauffer la moitié de l'huile et faites revenir le gingembre et le sel pendant 30 secondes. Ajoutez le chou, les pousses de bambou, les champignons, le céleri et les châtaignes d'eau et faites sauter pendant 2 minutes. Ajoutez le bouillon, portez à ébullition, couvrez et laissez mijoter 2 minutes. Retirez les légumes et la sauce de la poêle. Faites chauffer le reste de l'huile et faites frire le poulet pendant 1 minute. Ajoutez le vin ou le xérès et faites frire pendant 1 minute. Remettez les légumes dans la poêle avec le mangetout et les amandes et laissez mijoter 30 secondes. Mélangez la maïzena et l'eau pour obtenir une pâte, incorporez-la à la sauce et laissez mijoter en remuant jusqu'à ce que la sauce épaississe.

Poulet à l'anis

Pour 4 personnes

75 ml/5 cuillères à soupe d'huile d'arachide

2 oignons, hachés

1 gousse d'ail, hachée

2 tranches de racine de gingembre, hachées

15 ml/1 cuillère à soupe de farine nature (tout usage)

30 ml/2 cuillères à soupe de curry en poudre

450 g/1 lb de poulet, en cubes

15 ml/1 cuillère à soupe de sucre

30 ml/2 cuillères à soupe de sauce soja
450 ml/¾ pt/2 tasses de bouillon de poulet
2 gousses d'anis étoilé
225 g/8 oz de pommes de terre, coupées en dés

Faites chauffer la moitié de l'huile et faites revenir les oignons jusqu'à ce qu'ils soient légèrement dorés, puis retirez-les de la poêle. Faites chauffer le reste de l'huile et faites revenir l'ail et le gingembre pendant 30 secondes. Incorporer la farine et la poudre de curry et cuire 2 minutes. Remettez les oignons dans la poêle, ajoutez le poulet et faites sauter pendant 3 minutes. Ajouter le sucre, la sauce soja, le bouillon et l'anis, porter à ébullition, couvrir et laisser mijoter 15 minutes. Ajouter les pommes de terre, remettre à ébullition, couvrir et laisser mijoter encore 20 minutes jusqu'à ce qu'elles soient tendres.

Poulet aux abricots

Pour 4 personnes

4 morceaux de poulet
sel et poivre fraîchement moulu
pincée de gingembre moulu
60 ml/4 cuillères à soupe d'huile d'arachide
225 g/8 oz d'abricots en conserve, coupés en deux
300 ml/½ pt/1 ¼ tasse de sauce aigre-douce
30 ml/2 cuillères à soupe d'amandes effilées, grillées

Assaisonnez le poulet avec du sel, du poivre et du gingembre. Faites chauffer l'huile et faites frire le poulet jusqu'à ce qu'il soit légèrement doré. Couvrir et cuire environ 20 minutes jusqu'à tendreté, en retournant de temps en temps. Égoutter l'huile. Ajouter les abricots et la sauce dans la poêle, porter à ébullition, couvrir et laisser mijoter doucement pendant environ 5 minutes ou jusqu'à ce que le tout soit bien chaud. Garnir d'amandes effilées.

Poulet aux asperges

Pour 4 personnes

45 ml/3 cuillères à soupe d'huile d'arachide

5 ml/1 cuillère à café de sel

1 gousse d'ail, écrasée

1 oignon nouveau (oignon vert), haché

1 poitrine de poulet, tranchée

30 ml/2 cuillères à soupe de sauce aux haricots noirs

350 g/12 oz d'asperges, coupées en morceaux de 2,5 cm/1 po

120 ml/4 fl oz/½ tasse de bouillon de poulet

5 ml/1 cuillère à café de sucre

15 ml/1 cuillère à soupe de farine de maïs (amidon de maïs)

45 ml/3 cuillères à soupe d'eau

Faites chauffer la moitié de l'huile et faites revenir le sel, l'ail et l'oignon nouveau jusqu'à ce qu'ils soient légèrement dorés. Ajouter le poulet et faire revenir jusqu'à ce qu'il soit légèrement coloré. Ajouter la sauce aux haricots noirs et remuer pour enrober le poulet. Ajouter les asperges, le bouillon et le sucre, porter à ébullition, couvrir et laisser mijoter 5 minutes jusqu'à ce que le poulet soit tendre. Mélangez la maïzena et l'eau pour obtenir une pâte, mélangez-la dans la casserole et laissez mijoter en remuant jusqu'à ce que la sauce soit claire et épaissie.

Poulet aux Aubergines

Pour 4 personnes

225 g/8 oz de poulet, tranché
15 ml/1 cuillère à soupe de sauce soja
15 ml/1 cuillère à soupe de vin de riz ou de xérès sec
15 ml/1 cuillère à soupe de farine de maïs (amidon de maïs)
1 aubergine (aubergine), pelée et coupée en lanières
30 ml/2 cuillères à soupe d'huile d'arachide
2 piments rouges séchés
2 gousses d'ail, écrasées
75 ml/5 cuillères à soupe de bouillon de poulet

Placer le poulet dans un bol. Mélangez la sauce soja, le vin ou le xérès et la maïzena, incorporez au poulet et laissez reposer 30 minutes. Blanchir l'aubergine dans l'eau bouillante pendant 3 minutes puis bien l'égoutter. Faites chauffer l'huile et faites frire les poivrons jusqu'à ce qu'ils noircissent, puis retirez-les et jetez-les. Ajouter l'ail et le poulet et faire sauter jusqu'à ce qu'ils soient légèrement colorés. Ajouter le bouillon et l'aubergine, porter à ébullition, couvrir et laisser mijoter 3 minutes en remuant de temps en temps.

Poulet enroulé de bacon

Pour 4 à 6 personnes

225 g/8 oz de poulet, en cubes

30 ml/2 cuillères à soupe de sauce soja

15 ml/1 cuillère à soupe de vin de riz ou de xérès sec

5 ml/1 cuillère à café de sucre

5 ml/1 cuillère à café d'huile de sésame

sel et poivre fraîchement moulu

225 g/8 oz de tranches de bacon

1 œuf légèrement battu

100 g/4 oz de farine nature (tout usage)

huile pour friture

4 tomates, tranchées

Mélangez le poulet avec la sauce soja, le vin ou le xérès, le sucre, l'huile de sésame, le sel et le poivre. Couvrir et laisser mariner 1 heure en remuant de temps en temps, puis retirer le poulet et jeter la marinade. Coupez le bacon en morceaux et enroulez-le autour des cubes de poulet. Battez les œufs avec la farine pour obtenir une pâte épaisse, en ajoutant un peu de lait si nécessaire. Trempez les cubes dans la pâte. Faites chauffer l'huile et faites frire les cubes jusqu'à ce qu'ils soient dorés et bien cuits. Servir garni de tomates.

Poulet aux germes de soja

Pour 4 personnes

45 ml/3 cuillères à soupe d'huile d'arachide
1 gousse d'ail, écrasée
1 oignon nouveau (oignon vert), haché
1 tranche de racine de gingembre, hachée
225 g/8 oz de poitrine de poulet, coupée en lamelles
225 g/8 oz de germes de soja
45 ml/3 cuillères à soupe de sauce soja
15 ml/1 cuillère à soupe de vin de riz ou de xérès sec

5 ml/1 cuillère à café de farine de maïs (amidon de maïs)

Faites chauffer l'huile et faites revenir l'ail, l'oignon nouveau et le gingembre jusqu'à ce qu'ils soient légèrement dorés. Ajoutez le poulet et faites sauter pendant 5 minutes. Ajoutez les germes de soja et faites sauter pendant 2 minutes. Incorporer la sauce soja, le vin ou le xérès et la maïzena et faire sauter pendant environ 3 minutes jusqu'à ce que le poulet soit bien cuit.

Poulet à la sauce aux haricots noirs

Pour 4 personnes

30 ml/2 cuillères à soupe d'huile d'arachide
5 ml/1 cuillère à café de sel
30 ml/2 cuillères à soupe de sauce aux haricots noirs
2 gousses d'ail, écrasées
450 g/1 lb de poulet, coupé en dés
250 ml/8 fl oz/1 tasse de bouillon
1 poivron vert, coupé en dés
1 oignon, haché

15 ml/1 cuillère à soupe de sauce soja
poivre fraîchement moulu
15 ml/1 cuillère à soupe de farine de maïs (amidon de maïs)
45 ml/3 cuillères à soupe d'eau

Faites chauffer l'huile et faites revenir le sel, les haricots noirs et l'ail pendant 30 secondes. Ajouter le poulet et faire revenir jusqu'à ce qu'il soit légèrement doré. Incorporer le bouillon, porter à ébullition, couvrir et laisser mijoter 10 minutes. Ajoutez le poivron, l'oignon, la sauce soja et le poivre, couvrez et laissez mijoter encore 10 minutes. Mélangez la maïzena et l'eau pour obtenir une pâte, incorporez-la à la sauce et laissez mijoter en remuant jusqu'à ce que la sauce épaississe et que le poulet soit tendre.

Poulet au Brocoli

Pour 4 personnes

450 g de viande de poulet, coupée en dés
225 g/8 oz de foies de poulet
45 ml/3 cuillères à soupe de farine nature (tout usage)
45 ml/3 cuillères à soupe d'huile d'arachide
1 oignon, coupé en dés
1 poivron rouge, coupé en dés
1 poivron vert, coupé en dés

225 g/8 oz de fleurons de brocoli

4 tranches d'ananas, coupées en dés

30 ml/2 cuillères à soupe de purée de tomates (pâte)

30 ml/2 cuillères à soupe de sauce hoisin

30 ml/2 cuillères à soupe de miel

30 ml/2 cuillères à soupe de sauce soja

300 ml/½ pt/1¼ tasse de bouillon de poulet

10 ml/2 cuillères à café d'huile de sésame

Mélanger le poulet et les foies de poulet dans la farine. Faites chauffer l'huile et faites revenir le foie pendant 5 minutes puis retirez-le de la poêle. Ajoutez le poulet, couvrez et faites revenir à feu modéré pendant 15 minutes en remuant de temps en temps. Ajoutez les légumes et l'ananas et faites sauter pendant 8 minutes. Remettez les foies dans le wok, ajoutez le reste des ingrédients et portez à ébullition. Laisser mijoter en remuant jusqu'à ce que la sauce épaississe.

Poulet au chou et cacahuètes

Pour 4 personnes

45 ml/3 cuillères à soupe d'huile d'arachide

30 ml/2 cuillères à soupe de cacahuètes

450 g/1 lb de poulet, coupé en dés
½ chou, coupé en carrés
15 ml/1 cuillère à soupe de sauce aux haricots noirs
2 piments rouges, émincés
5 ml/1 cuillère à café de sel

Faites chauffer un peu d'huile et faites revenir les cacahuètes pendant quelques minutes en remuant continuellement. Retirer, égoutter puis écraser. Faites chauffer le reste de l'huile et faites frire le poulet et le chou jusqu'à ce qu'ils soient légèrement dorés. Retirer de la poêle. Ajoutez la sauce aux haricots noirs et les piments et faites sauter pendant 2 minutes. Remettez le poulet et le chou dans la poêle avec les cacahuètes concassées et assaisonnez de sel. Faire sauter jusqu'à ce que le tout soit bien chaud, puis servir immédiatement.

Poulet aux noix de cajou

Pour 4 personnes

30 ml/2 cuillères à soupe de sauce soja
30 ml/2 cuillères à soupe de farine de maïs (amidon de maïs)
15 ml/1 cuillère à soupe de vin de riz ou de xérès sec
350 g/12 oz de poulet, en cubes
45 ml/3 cuillères à soupe d'huile d'arachide
2,5 ml/½ cuillère à café de sel

2 gousses d'ail, écrasées
225 g/8 oz de champignons, tranchés
100 g/4 oz de châtaignes d'eau, tranchées
100 g de pousses de bambou
50 g de mangetout (pois mange-tout)
225 g/8 oz/2 tasses de noix de cajou
300 ml/½ pt/1 ¼ tasse de bouillon de poulet

Mélangez la sauce soja, la maïzena et le vin ou le xérès, versez sur le poulet, couvrez et laissez mariner au moins 1 heure. Faites chauffer 30 ml/2 cuillères à soupe d'huile avec le sel et l'ail et faites revenir jusqu'à ce que l'ail soit légèrement doré. Ajoutez le poulet avec la marinade et faites sauter pendant 2 minutes jusqu'à ce que le poulet soit légèrement doré. Ajoutez les champignons, les châtaignes d'eau, les pousses de bambou et le mangetout et faites sauter 2 minutes. Pendant ce temps, faites chauffer le reste de l'huile dans une poêle à part et faites revenir les noix de cajou à feu doux pendant quelques minutes jusqu'à ce qu'elles soient dorées. Ajoutez-les dans la casserole avec le bouillon, portez à ébullition, couvrez et laissez mijoter 5 minutes. Si la sauce n'a pas suffisamment épaissi, ajoutez un peu de maïzena mélangée à une cuillerée d'eau et remuez jusqu'à ce que la sauce épaississe et clair.

Poulet aux Châtaignes

Pour 4 personnes

225 g/8 oz de poulet, tranché

5 ml/1 cuillère à café de sel

15 ml/1 cuillère à soupe de sauce soja

huile pour friture

250 ml/8 fl oz/1 tasse de bouillon de poulet

200 g de châtaignes d'eau hachées

225 g/8 oz de châtaignes hachées
225 g/8 oz de champignons, coupés en quartiers
15 ml/1 cuillère à soupe de persil frais haché

Saupoudrez le poulet de sel et de sauce soja et frottez-le bien. Faites chauffer l'huile et faites frire le poulet jusqu'à ce qu'il soit doré, puis retirez-le et égouttez-le. Mettez le poulet dans une casserole avec le bouillon, portez à ébullition et laissez mijoter 5 minutes. Ajoutez les châtaignes d'eau, les châtaignes et les champignons, couvrez et laissez mijoter environ 20 minutes jusqu'à ce que le tout soit tendre. Servir garni de persil.

Poulet au piment fort

Pour 4 personnes

350 g/1 lb de viande de poulet, coupée en cubes
1 œuf légèrement battu
10 ml/2 cuillères à café de sauce soja
2,5 ml/½ cuillère à café de farine de maïs (amidon de maïs)
huile pour friture
1 poivron vert, coupé en dés
4 gousses d'ail, écrasées

2 piments rouges, râpés

5 ml/1 cuillère à café de poivre fraîchement moulu

5 ml/1 cuillère à café de vinaigre de vin

5 ml/1 cuillère à café d'eau

2,5 ml/½ cuillère à café de sucre

2,5 ml/½ cuillère à café d'huile de piment

2,5 ml/½ cuillère à café d'huile de sésame

Mélangez le poulet avec l'œuf, la moitié de la sauce soja et la maïzena et laissez reposer 30 minutes. Faites chauffer l'huile et faites frire le poulet jusqu'à ce qu'il soit doré, puis égouttez-le bien. Retirez tout l'huile de la poêle sauf 15 ml/1 cuillère à soupe, ajoutez le poivre, l'ail et les piments et faites revenir pendant 30 secondes. Ajoutez le poivre, le vinaigre de vin, l'eau et le sucre et faites revenir 30 secondes. Remettez le poulet dans la poêle et faites-le revenir quelques minutes jusqu'à ce qu'il soit bien cuit. Servir saupoudré d'huiles de piment et de sésame.

Poulet Sauté au Piment

Pour 4 personnes

225 g/8 oz de poulet, tranché

2,5 ml/½ cuillère à café de sauce soja

2,5 ml/½ cuillère à café d'huile de sésame

2,5 ml/½ cuillère à café de vin de riz ou de xérès sec

5 ml/1 cuillère à café de farine de maïs (amidon de maïs)

sel

45 ml/3 cuillères à soupe d'huile d'arachide

100 g d'épinards

4 oignons nouveaux (oignons verts), hachés

2,5 ml/½ cuillère à café de poudre de piment

15 ml/1 cuillère à soupe d'eau

1 tomate, tranchée

Mélangez le poulet avec la sauce soja, l'huile de sésame, le vin ou le xérès, la moitié de la maïzena et une pincée de sel. Laisser reposer 30 minutes. Faites chauffer 15 ml/1 cuillère à soupe d'huile et faites frire le poulet jusqu'à ce qu'il soit légèrement doré. Retirer du wok. Faites chauffer 15 ml/1 cuillère à soupe d'huile et faites sauter les épinards jusqu'à ce qu'ils soient fanés, puis retirez-les du wok. Faites chauffer le reste de l'huile et faites revenir les oignons nouveaux, la poudre de piment, l'eau et le reste de la maïzena pendant 2 minutes. Incorporer le poulet et faire sauter rapidement. Disposez les épinards autour d'une assiette de service chaude, garnissez de poulet et servez garni de tomates.

Côtelette de poulet Suey

Pour 4 personnes

100 g/4 oz de feuilles chinoises, déchiquetées
100 g/4 oz de pousses de bambou, coupées en lanières
60 ml/4 cuillères à soupe d'huile d'arachide
3 oignons nouveaux (oignons verts), tranchés
2 gousses d'ail, écrasées
1 tranche de racine de gingembre, hachée
225 g/8 oz de poitrine de poulet, coupée en lanières

45 ml/3 cuillères à soupe de sauce soja
15 ml/1 cuillère à soupe de vin de riz ou de xérès sec
5 ml/1 cuillère à café de sel
2,5 ml/½ cuillère à café de sucre
poivre fraîchement moulu
15 ml/1 cuillère à soupe de farine de maïs (amidon de maïs)

Blanchir les feuilles chinoises et les pousses de bambou dans l'eau bouillante pendant 2 minutes. Égoutter et sécher. Faites chauffer 45 ml/3 cuillères à soupe d'huile et faites revenir les oignons, l'ail et le gingembre jusqu'à ce qu'ils soient légèrement dorés. Ajoutez le poulet et faites sauter pendant 4 minutes. Retirer de la poêle. Faites chauffer le reste de l'huile et faites revenir les légumes pendant 3 minutes. Ajoutez le poulet, la sauce soja, le vin ou le xérès, le sel, le sucre et une pincée de poivre et faites sauter pendant 1 minute. Mélangez la maïzena avec un peu d'eau, incorporez-la à la sauce et laissez mijoter en remuant jusqu'à ce que la sauce soit claire et épaissie.

Poulet chow mein

Pour 4 personnes

30 ml/2 cuillères à soupe d'huile d'arachide
2 gousses d'ail, écrasées
450 g/1 lb de poulet, tranché
225 g/8 oz de pousses de bambou, tranchées
100 g/4 oz de céleri, tranché
225 g/8 oz de champignons, tranchés
450 ml/¾ pt/2 tasses de bouillon de poulet
225 g/8 oz de germes de soja
4 oignons, coupés en quartiers
30 ml/2 cuillères à soupe de sauce soja
30 ml/2 cuillères à soupe de farine de maïs (amidon de maïs)
225 g/8 oz de nouilles chinoises séchées

Faites chauffer l'huile avec l'ail jusqu'à ce qu'ils soient légèrement dorés, puis ajoutez le poulet et faites sauter pendant 2 minutes jusqu'à ce qu'il soit légèrement doré. Ajoutez les pousses de bambou, le céleri et les champignons et faites sauter pendant 3 minutes. Ajouter la majeure partie du bouillon, porter à ébullition, couvrir et laisser mijoter 8 minutes. Ajouter les germes de soja et les oignons et laisser mijoter 2 minutes en remuant jusqu'à ce qu'il reste juste un peu de bouillon. Mélangez le reste du bouillon avec la sauce soja et la maïzena. Incorporez-le dans la casserole et laissez mijoter en remuant jusqu'à ce que la sauce soit claire et épaissie.

Pendant ce temps, faites cuire les nouilles dans de l'eau bouillante salée pendant quelques minutes, selon les instructions figurant sur le paquet. Bien égoutter puis mélanger avec le mélange de poulet et servir immédiatement.

Poulet épicé frit croustillant

Pour 4 personnes
450 g de viande de poulet, coupée en morceaux
30 ml/2 cuillères à soupe de sauce soja
30 ml/2 cuillères à soupe de sauce aux prunes

45 ml/3 cuillères à soupe de chutney de mangue

1 gousse d'ail, écrasée

2,5 ml/½ cuillère à café de gingembre moulu

quelques gouttes de cognac

30 ml/2 cuillères à soupe de farine de maïs (amidon de maïs)

2 oeufs, battus

100 g/4 oz/1 tasse de chapelure séchée

30 ml/2 cuillères à soupe d'huile d'arachide

6 oignons nouveaux (oignons verts), hachés

1 poivron rouge, coupé en dés

1 poivron vert, coupé en dés

30 ml/2 cuillères à soupe de sauce soja

30 ml/2 cuillères à soupe de miel

30 ml/2 cuillères à soupe de vinaigre de vin

Placer le poulet dans un bol. Mélangez les sauces, le chutney, l'ail, le gingembre et le cognac, versez sur le poulet, couvrez et laissez mariner 2 heures. Égouttez le poulet puis saupoudrez-le de maïzena. Enrober d'œufs puis de chapelure. Faites chauffer l'huile puis faites frire le poulet jusqu'à ce qu'il soit doré. Retirer de la poêle. Ajoutez les légumes et faites sauter pendant 4 minutes puis retirez. Égoutter l'huile de la poêle puis remettre le poulet et les légumes dans la poêle avec le reste des ingrédients. Porter à ébullition et réchauffer avant de servir.

Poulet Frit au Concombre

Pour 4 personnes

225 g de viande de poulet

1 blanc d'oeuf

2,5 ml/½ cuillère à café de farine de maïs (amidon de maïs)

sel

½ concombre

30 ml/2 cuillères à soupe d'huile d'arachide

100 g de champignons de Paris

50 g de pousses de bambou coupées en lanières

50 g de jambon coupé en dés

15 ml/1 cuillère à soupe d'eau

2,5 ml/½ cuillère à café de sel

2,5 ml/½ cuillère à café de vin de riz ou de xérès sec

2,5 ml/½ cuillère à café d'huile de sésame

Tranchez le poulet et coupez-le en morceaux. Mélanger avec le blanc d'œuf, la maïzena et le sel et laisser reposer. Coupez le concombre en deux dans le sens de la longueur et coupez-le en tranches épaisses en diagonale. Faites chauffer l'huile et faites sauter le poulet jusqu'à ce qu'il soit légèrement doré, puis retirez-le de la poêle. Ajoutez le concombre et les pousses de bambou et faites sauter pendant 1 minute. Remettez le poulet dans la poêle avec le jambon, l'eau, le sel et le vin ou le xérès. Porter à ébullition et laisser mijoter jusqu'à ce que le poulet soit tendre. Servir arrosé d'huile de sésame.

Curry au poulet et au piment

Pour 4 personnes
120 ml/4 fl oz/½ tasse d'huile d'arachide
4 morceaux de poulet
1 oignon, haché

5 ml/1 cuillère à café de curry en poudre

5 ml/1 cuillère à café de sauce chili

15 ml/1 cuillère à soupe de vin de riz ou de xérès sec

2,5 ml/½ cuillère à café de sel

600 ml/1 pt/2½ tasses de bouillon de poulet

15 ml/1 cuillère à soupe de farine de maïs (amidon de maïs)

45 ml/3 cuillères à soupe d'eau

5 ml/1 cuillère à café d'huile de sésame

Faites chauffer l'huile et faites frire les morceaux de poulet jusqu'à ce qu'ils soient dorés des deux côtés, puis retirez-les de la poêle. Ajoutez l'oignon, la poudre de curry et la sauce chili et faites sauter pendant 1 minute. Ajoutez le vin ou le xérès et le sel, remuez bien, puis remettez le poulet dans la poêle et remuez à nouveau. Ajouter le bouillon, porter à ébullition et laisser mijoter doucement environ 30 minutes jusqu'à ce que le poulet soit tendre. Si la sauce n'a pas suffisamment réduit, mélangez la maïzena et l'eau pour obtenir une pâte, incorporez-en un peu à la sauce et laissez mijoter en remuant jusqu'à ce que la sauce épaississe. Servir arrosé d'huile de sésame.

Curry de poulet chinois

Pour 4 personnes

45 ml/3 cuillères à soupe de curry en poudre

1 oignon, tranché

350 g/12 oz de poulet, coupé en dés

150 ml/¼ pt/généreuse ½ tasse de bouillon de poulet

5 ml/1 cuillère à café de sel

10 ml/2 cuillères à café de farine de maïs (amidon de maïs)

15 ml/1 cuillère à soupe d'eau

Faites chauffer la poudre de curry et l'oignon dans une poêle sèche pendant 2 minutes, en secouant la poêle pour bien enrober l'oignon. Ajouter le poulet et remuer jusqu'à ce qu'il soit bien enrobé de poudre de curry. Ajouter le bouillon et le sel, porter à ébullition, couvrir et laisser mijoter environ 5 minutes jusqu'à ce que le poulet soit tendre. Mélangez la maïzena et l'eau pour obtenir une pâte, mélangez dans la casserole et laissez mijoter en remuant jusqu'à ce que la sauce épaississe.

Poulet au cari rapide

Pour 4 personnes

450 g/1 lb de poitrines de poulet, coupées en cubes

45 ml/3 cuillères à soupe de vin de riz ou de xérès sec

50 g/2 oz de farine de maïs (amidon de maïs)

1 blanc d'oeuf

sel

150 ml/¼ pt/½ tasse généreuse d'huile d'arachide

15 ml/1 cuillère à soupe de curry en poudre

10 ml/2 cuillères à café de cassonade

150 ml/¼ pt/généreuse ½ tasse de bouillon de poulet

Mélangez les cubes de poulet et le xérès. Réservez 10 ml/2 cuillères à café de maïzena. Battez le blanc d'œuf avec le reste de maïzena et une pincée de sel puis incorporez-le au poulet jusqu'à ce qu'il soit bien enrobé. Faites chauffer l'huile et faites frire le poulet jusqu'à ce qu'il soit cuit et doré. Retirer de la poêle et égoutter tout sauf 15 ml/1 cuillère à soupe d'huile. Incorporer la maïzena réservée, la poudre de curry et le sucre et faire revenir 1 minute. Incorporer le bouillon, porter à ébullition et laisser mijoter en remuant continuellement jusqu'à ce que la sauce épaississe. Remettez le poulet dans la poêle, mélangez et réchauffez avant de servir.

Poulet au curry avec pommes de terre

Pour 4 personnes

45 ml/3 cuillères à soupe d'huile d'arachide

2,5 ml/½ cuillère à café de sel

1 gousse d'ail, écrasée

750 g/1½ lb de poulet, en cubes

225 g/8 oz de pommes de terre, coupées en cubes

4 oignons, coupés en quartiers

15 ml/1 cuillère à soupe de curry en poudre

450 ml/¾ pt/2 tasses de bouillon de poulet

225 g/8 oz de champignons, tranchés

Faites chauffer l'huile avec le sel et l'ail, ajoutez le poulet et faites-le revenir jusqu'à ce qu'il soit légèrement doré. Ajoutez les pommes de terre, les oignons et la poudre de curry et faites sauter pendant 2 minutes. Ajouter le bouillon, porter à ébullition, couvrir et laisser mijoter environ 20 minutes jusqu'à ce que le poulet soit cuit, en remuant de temps en temps. Ajoutez les champignons, retirez le couvercle et laissez mijoter encore 10 minutes jusqu'à ce que le liquide ait réduit.

Cuisses de poulet frites

Pour 4 personnes
2 grosses cuisses de poulet, désossées
2 oignons nouveaux (oignons verts)
1 tranche de gingembre battue à plat
120 ml/4 fl oz/½ tasse de sauce soja
5 ml/1 cuillère à café de vin de riz ou de xérès sec
huile pour friture
5 ml/1 cuillère à café d'huile de sésame
poivre fraîchement moulu

Étalez la chair du poulet et marquez-la partout. Battez 1 oignon nouveau à plat et hachez l'autre. Mélangez les oignons nouveaux aplatis avec le gingembre, la sauce soja et le vin ou le xérès. Versez sur le poulet et laissez mariner 30 minutes. Retirer et égoutter. Placer sur une assiette sur une grille du cuiseur vapeur et cuire à la vapeur pendant 20 minutes.

Faites chauffer l'huile et faites frire le poulet pendant environ 5 minutes jusqu'à ce qu'il soit doré. Retirer de la poêle, bien égoutter et trancher en tranches épaisses, puis disposer les tranches sur une assiette de service chaude. Faites chauffer l'huile de sésame, ajoutez l'oignon nouveau haché et le poivre, versez sur le poulet et servez.

Poulet Frit avec Sauce Curry

Pour 4 personnes

1 œuf légèrement battu
30 ml/2 cuillères à soupe de farine de maïs (amidon de maïs)
25 g/1 oz/¼ tasse de farine nature (tout usage)
2,5 ml/½ cuillère à café de sel
225 g/8 oz de poulet, en cubes
huile pour friture
30 ml/2 cuillères à soupe d'huile d'arachide
30 ml/2 cuillères à soupe de curry en poudre
60 ml/4 cuillères à soupe de vin de riz ou de xérès sec

Battre l'œuf avec la maïzena, la farine et le sel jusqu'à obtenir une pâte épaisse. Verser sur le poulet et bien mélanger pour bien enrober. Faites chauffer l'huile et faites frire le poulet jusqu'à ce qu'il soit doré et bien cuit. Pendant ce temps, faites chauffer l'huile et faites revenir le curry en poudre pendant 1 minute. Incorporer le vin ou le xérès et porter à ébullition. Disposez le poulet dans une assiette chaude et versez dessus la sauce curry.

poulet ivre

Pour 4 personnes

450 g de filet de poulet, coupé en morceaux

60 ml/4 cuillères à soupe de sauce soja

30 ml/2 cuillères à soupe de sauce hoisin

30 ml/2 cuillères à soupe de sauce aux prunes

30 ml/2 cuillères à soupe de vinaigre de vin

2 gousses d'ail, écrasées

pincée de sel

quelques gouttes d'huile de piment

2 blancs d'œufs

60 ml/4 cuillères à soupe de farine de maïs (amidon de maïs)

huile pour friture

200 ml/½ pt/1¼ tasse de vin de riz ou de xérès sec

Placer le poulet dans un bol. Mélangez les sauces et le vinaigre de vin, l'ail, le sel et l'huile de piment, versez sur le poulet et laissez mariner au réfrigérateur pendant 4 heures. Battre les blancs d'œufs en neige ferme et incorporer la maïzena. Retirer le poulet de la marinade et l'enrober du mélange de blancs d'œufs. Faites chauffer l'huile et faites frire le poulet jusqu'à ce qu'il soit bien cuit et doré. Bien égoutter sur du papier absorbant et placer dans un bol. Versez dessus le vin ou le xérès, couvrez et laissez mariner au réfrigérateur pendant 12 heures. Retirez le poulet du vin et servez froid.

Poulet salé aux œufs

Pour 4 personnes

30 ml/2 cuillères à soupe d'huile d'arachide

4 morceaux de poulet

2 oignons nouveaux (oignons verts), hachés

1 gousse d'ail, écrasée

1 tranche de racine de gingembre, hachée

175 ml/6 fl oz/¾ tasse de sauce soja

30 ml/2 cuillères à soupe de vin de riz ou de xérès sec

30 ml/2 cuillères à soupe de cassonade

5 ml/1 cuillère à café de sel

375 ml/13 fl oz/1 ½ tasse d'eau

4 œufs durs (cuit dur)

15 ml/1 cuillère à soupe de farine de maïs (amidon de maïs)

Faites chauffer l'huile et faites frire les morceaux de poulet jusqu'à ce qu'ils soient dorés. Ajoutez les oignons nouveaux, l'ail et le gingembre et faites revenir 2 minutes. Ajoutez la sauce soja, le vin ou le xérès, le sucre et le sel et mélangez bien. Ajouter l'eau et porter à ébullition, couvrir et laisser mijoter 20 minutes. Ajoutez les œufs durs, couvrez et laissez cuire encore 15 minutes. Mélangez la maïzena avec un peu d'eau, incorporez-la à la sauce et laissez mijoter en remuant jusqu'à ce que la sauce soit claire et épaissie.

Rouleaux aux œufs de poulet

Pour 4 personnes

4 champignons chinois séchés

100 g/4 oz de poulet, coupé en lanières

5 ml/1 cuillère à café de farine de maïs (amidon de maïs)

15 ml/1 cuillère à soupe de sauce soja

2,5 ml/½ cuillère à café de sel

2,5 ml/½ cuillère à café de sucre

60 ml/4 cuillères à soupe d'huile d'arachide

225 g/8 oz de germes de soja

3 oignons nouveaux (oignons verts), hachés

100 g d'épinards

12 peaux de nems

1 œuf battu

huile pour friture

Faites tremper les champignons dans l'eau tiède pendant 30 minutes puis égouttez-les. Jetez les tiges et hachez les chapeaux. Placer le poulet dans un bol. Mélangez la maïzena avec 5 ml/1 cuillère à café de sauce soja, le sel et le sucre et incorporez-la au poulet. Laisser reposer 15 minutes. Faites chauffer la moitié de l'huile et faites sauter le poulet jusqu'à ce qu'il soit légèrement doré. Blanchir les germes de soja dans l'eau bouillante pendant 3 minutes puis égoutter. Faites chauffer le reste de l'huile et faites revenir les oignons nouveaux jusqu'à ce qu'ils soient légèrement dorés. Incorporer les champignons, les germes de soja, les épinards et le reste de la sauce soja. Ajoutez le poulet et faites sauter pendant 2 minutes. Laisser refroidir. Déposez un peu de garniture au centre de chaque peau et badigeonnez les bords d'œuf battu. Replier les côtés puis enrouler les nems en scellant les bords avec de l'œuf. Faites chauffer l'huile et faites frire les nems jusqu'à ce qu'ils soient croustillants et dorés.

Poulet braisé aux œufs

Pour 4 personnes

30 ml/2 cuillères à soupe d'huile d'arachide
4 filets de poitrine de poulet, coupés en lanières
1 poivron rouge, coupé en lanières
1 poivron vert, coupé en lanières
45 ml/3 cuillères à soupe de sauce soja
45 ml/3 cuillères à soupe de vin de riz ou de xérès sec
250 ml/8 fl oz/1 tasse de bouillon de poulet
100 g/4 oz de laitue iceberg, râpée
5 ml/1 cuillère à café de cassonade
30 ml/2 cuillères à soupe de sauce hoisin
sel et poivre
15 ml/1 cuillère à soupe de farine de maïs (amidon de maïs)
30 ml/2 cuillères à soupe d'eau
4 œufs
30 ml/2 cuillères à soupe de xérès

Faites chauffer l'huile et faites frire le poulet et les poivrons jusqu'à ce qu'ils soient dorés. Ajoutez la sauce soja, le vin ou le sherry et le bouillon, portez à ébullition, couvrez et laissez mijoter 30 minutes. Ajouter la laitue, le sucre et la sauce hoisin et assaisonner de sel et de poivre. Mélangez la maïzena et l'eau, incorporez-la à la sauce et portez à ébullition en remuant. Battez les œufs avec le xérès et faites-les frire en fines omelettes. Saupoudrer de sel et de poivre et déchirer en lanières. Disposer dans un plat de service chaud et verser sur le poulet.

Poulet d'Extrême-Orient

Pour 4 personnes

60 ml/4 cuillères à soupe d'huile d'arachide
450 g de viande de poulet, coupée en morceaux
2 gousses d'ail, écrasées
2,5 ml/½ cuillère à café de sel
2 oignons, hachés
2 morceaux de tige de gingembre hachée
45 ml/3 cuillères à soupe de sauce soja
30 ml/2 cuillères à soupe de sauce hoisin
45 ml/3 cuillères à soupe de vin de riz ou de xérès sec
300 ml/½ pt/1 ¼ tasse de bouillon de poulet
5 ml/1 cuillère à café de poivre fraîchement moulu
6 œufs durs (cuit dur), hachés
15 ml/1 cuillère à soupe de farine de maïs (amidon de maïs)
15 ml/1 cuillère à soupe d'eau

Faites chauffer l'huile et faites frire le poulet jusqu'à ce qu'il soit doré. Ajoutez l'ail, le sel, les oignons et le gingembre et faites revenir 2 minutes. Ajoutez la sauce soja, la sauce hoisin, le vin ou le xérès, le bouillon et le poivre. Portez à ébullition, couvrez et laissez mijoter 30 minutes. Ajoutez les œufs. Mélangez la maïzena et l'eau et incorporez-la à la sauce. Porter à ébullition et laisser mijoter en remuant jusqu'à ce que la sauce épaississe.

Poulet Foo Yung

Pour 4 personnes

6 œufs battus
45 ml/3 cuillères à soupe de farine de maïs (amidon de maïs)
100 g/4 oz de champignons, hachés grossièrement
225 g/8 oz de poitrine de poulet, coupée en dés
1 oignon, finement haché
5 ml/1 cuillère à café de sel
45 ml/3 cuillères à soupe d'huile d'arachide

Battez les œufs puis incorporez la maïzena. Incorporer tous les ingrédients restants sauf l'huile. Chauffer l'huile. Versez le mélange dans le moule petit à petit pour faire des petites crêpes d'environ 7,5 cm de diamètre. Cuire jusqu'à ce que le fond soit doré puis retourner et cuire l'autre côté.

Foo Yung au jambon et au poulet

Pour 4 personnes

6 œufs battus

45 ml/3 cuillères à soupe de farine de maïs (amidon de maïs)

100 g/4 oz de jambon, coupé en dés

225 g/8 oz de poitrine de poulet, coupée en dés

3 oignons nouveaux (oignons verts), finement hachés

5 ml/1 cuillère à café de sel

45 ml/3 cuillères à soupe d'huile d'arachide

Battez les œufs puis incorporez la maïzena. Incorporer tous les ingrédients restants sauf l'huile. Chauffer l'huile. Versez le mélange dans le moule petit à petit pour faire des petites crêpes d'environ 7,5 cm de diamètre. Cuire jusqu'à ce que le fond soit doré puis retourner et cuire l'autre côté.

Poulet Frit au Gingembre

Pour 4 personnes

1 poulet, coupé en deux
4 tranches de racine de gingembre, écrasées
30 ml/2 cuillères à soupe de vin de riz ou de xérès sec
30 ml/2 cuillères à soupe de sauce soja
5 ml/1 cuillère à café de sucre
huile pour friture

Placez le poulet dans un bol peu profond. Mélangez le gingembre, le vin ou le xérès, la sauce soja et le sucre, versez sur le poulet et frottez la peau. Laisser mariner 1 heure. Faites chauffer l'huile et faites frire le poulet, une moitié à la fois, jusqu'à ce qu'il soit légèrement coloré. Retirer de l'huile et laisser refroidir légèrement pendant que vous réchauffez l'huile. Remettez le poulet dans la poêle et faites-le frire jusqu'à ce qu'il soit doré et bien cuit. Bien égoutter avant de servir.

Poulet au gingembre

Pour 4 personnes

225 g/8 oz de poulet, tranché finement

1 blanc d'oeuf

pincée de sel

2,5 ml/½ cuillère à café de farine de maïs (amidon de maïs)

15 ml/1 cuillère à soupe d'huile d'arachide

10 tranches de racine de gingembre

6 champignons, coupés en deux

1 carotte, tranchée

2 oignons nouveaux (oignons verts), tranchés

5 ml/1 cuillère à café de vin de riz ou de xérès sec

5 ml/1 cuillère à café d'eau

2,5 ml/½ cuillère à café d'huile de sésame

Mélangez le poulet avec le blanc d'œuf, le sel et la maïzena. Faites chauffer la moitié de l'huile et faites frire le poulet jusqu'à ce qu'il soit légèrement doré, puis retirez-le de la poêle. Faites chauffer le reste de l'huile et faites revenir le gingembre, les champignons, les carottes et les oignons nouveaux pendant 3 minutes. Remettez le poulet dans la poêle avec le vin ou le xérès et l'eau et laissez mijoter jusqu'à ce que le poulet soit tendre. Servir arrosé d'huile de sésame.

Poulet au gingembre, champignons et châtaignes

Pour 4 personnes

60 ml/4 cuillères à soupe d'huile d'arachide

225 g/8 oz d'oignons, tranchés

450 g de viande de poulet, coupée en dés

100 g/4 oz de champignons, tranchés

30 ml/2 cuillères à soupe de farine nature (tout usage)

60 ml/4 cuillères à soupe de sauce soja

10 ml/2 cuillères à café de sucre

sel et poivre fraîchement moulu

900 ml/1½ pt/3¾ tasses d'eau chaude

2 tranches de racine de gingembre, hachées

450 g de châtaignes d'eau

Faites chauffer la moitié de l'huile et faites revenir les oignons pendant 3 minutes puis retirez-les de la poêle. Faites chauffer le reste de l'huile et faites frire le poulet jusqu'à ce qu'il soit légèrement doré.

Ajouter les champignons et cuire 2 minutes. Saupoudrez le mélange de farine puis incorporez la sauce soja, le sucre, le sel et le poivre. Versez l'eau et le gingembre, les oignons et les châtaignes. Portez à ébullition, couvrez et laissez mijoter doucement pendant 20 minutes. Retirez le couvercle et laissez mijoter doucement jusqu'à ce que la sauce ait réduit.

Poulet doré

Pour 4 personnes

8 petits morceaux de poulet
300 ml/½ pt/1 ¼ tasse de bouillon de poulet
45 ml/3 cuillères à soupe de sauce soja
15 ml/1 cuillère à soupe de vin de riz ou de xérès sec
5 ml/1 cuillère à café de sucre
1 racine de gingembre tranchée, hachée

Mettez tous les ingrédients dans une grande casserole, portez à ébullition, couvrez et laissez mijoter environ 30 minutes jusqu'à ce que le poulet soit bien cuit. Retirez le couvercle et laissez mijoter jusqu'à ce que la sauce ait réduit.

Ragoût de poulet doré mariné

Pour 4 personnes

4 morceaux de poulet

300 ml/½ pt/1¼ tasse de sauce soja

huile pour friture

4 oignons nouveaux (oignons verts), tranchés épaississement

1 tranche de racine de gingembre, hachée

2 piments rouges, tranchés

3 gousses d'anis étoilé

50 g/2 oz de pousses de bambou, tranchées

150 ml/1½ pt/généreuse ½ tasse de bouillon de poulet

30 ml/2 cuillères à soupe de farine de maïs (amidon de maïs)

60 ml/4 cuillères à soupe d'eau

5 ml/1 cuillère à café d'huile de sésame

Coupez le poulet en gros morceaux et laissez-le mariner dans la sauce soja pendant 10 minutes. Retirer et égoutter en réservant la sauce soja. Faites chauffer l'huile et faites frire le poulet pendant environ 2 minutes jusqu'à ce qu'il soit légèrement doré. Retirer et égoutter. Videz tout l'huile sauf 30 ml/2 cuillères à soupe, puis ajoutez les oignons nouveaux, le gingembre, les piments forts et l'anis étoilé et faites revenir pendant 1 minute. Remettez le poulet dans la poêle avec les pousses de bambou et la sauce soja réservée et ajoutez juste assez de bouillon pour couvrir le poulet. Porter à ébullition et laisser mijoter environ 10 minutes jusqu'à ce que le poulet soit tendre. Retirez le poulet de la sauce avec une écumoire et disposez-le sur un plat de service chaud. Filtrez la sauce puis remettez-la dans la poêle. Mélangez la maïzena et l'eau pour obtenir une pâte, incorporez-la à la sauce et laissez mijoter en remuant jusqu'à ce que la sauce épaississe.

Pièces d'or

Pour 4 personnes

4 filets de poitrine de poulet
30 ml/2 cuillères à soupe de miel
30 ml/2 cuillères à soupe de vinaigre de vin
30 ml/2 cuillères à soupe de ketchup aux tomates (catsup)
30 ml/2 cuillères à soupe de sauce soja
pincée de sel
2 gousses d'ail, écrasées
5 ml/1 cuillère à café de poudre aux cinq épices
45 ml/3 cuillères à soupe de farine nature (tout usage)
2 oeufs, battus
5 ml/1 cuillère à café de racine de gingembre râpé
5 ml/1 cuillère à café de zeste de citron râpé
100 g/4 oz/1 tasse de chapelure séchée

huile pour friture

Mettez le poulet dans un bol. Mélangez le miel, le vinaigre de vin, le ketchup aux tomates, la sauce soja, le sel, l'ail et la poudre de cinq épices. Verser sur le poulet, bien mélanger, couvrir et laisser mariner au réfrigérateur pendant 12 heures.

Retirez le poulet de la marinade et coupez-le en lanières épaisses. Saupoudrer de farine. Battez les œufs, le gingembre et le zeste de citron. Enrober le poulet du mélange puis de la chapelure jusqu'à ce qu'il soit uniformément enrobé. Faites chauffer l'huile et faites frire le poulet jusqu'à ce qu'il soit doré.

Poulet cuit à la vapeur avec du jambon

Pour 4 personnes

4 portions de poulet

100 g/4 oz de jambon fumé, haché

3 oignons nouveaux (oignons verts), hachés

15 ml/1 cuillère à soupe d'huile d'arachide

sel et poivre fraîchement moulu

15 ml/1 cuillère à soupe de persil plat

Coupez les portions de poulet en morceaux de 5 cm et placez-les dans un bol allant au four avec le jambon et les oignons nouveaux. Saupoudrer d'huile et assaisonner de sel et de poivre, puis mélanger délicatement les ingrédients. Placez le bol sur une grille dans un cuiseur vapeur, couvrez et faites cuire à la vapeur sur de l'eau bouillante pendant environ 40 minutes jusqu'à ce que le poulet soit tendre. Servir garni de persil.

Poulet à la sauce Hoisin

Pour 4 personnes

4 portions de poulet, coupées en deux
50 g/2 oz/½ tasse de farine de maïs (amidon de maïs)
huile pour friture
10 ml/2 cuillères à café de racine de gingembre râpée
2 oignons, hachés
225 g/8 oz de fleurons de brocoli
1 poivron rouge, haché
225 g de champignons de Paris
250 ml/8 fl oz/1 tasse de bouillon de poulet
45 ml/3 cuillères à soupe de vin de riz ou de xérès sec
45 ml/3 cuillères à soupe de vinaigre de cidre
45 ml/3 cuillères à soupe de sauce hoisin
20 ml/4 cuillères à café de sauce soja

Enrober les morceaux de poulet de la moitié de la maïzena. Faites chauffer l'huile et faites frire les morceaux de poulet quelques-uns à la fois pendant environ 8 minutes jusqu'à ce qu'ils soient dorés et bien cuits. Retirer de la poêle et égoutter sur du papier absorbant. Retirez tout l'huile de la poêle sauf 30 ml/2 cuillères à soupe et faites sauter le gingembre pendant 1 minute. Ajouter les oignons et faire sauter pendant 1 minute. Ajoutez le brocoli, le poivron et les champignons et faites sauter pendant 2 minutes. Mélangez le bouillon avec la maïzena réservée et le reste des ingrédients et ajoutez-le à la poêle. Porter à ébullition en remuant et cuire jusqu'à ce que la sauce soit claire. Remettez le poulet dans le wok et faites cuire en remuant pendant environ 3 minutes jusqu'à ce qu'il soit bien chaud.

Poulet au miel

Pour 4 personnes

30 ml/2 cuillères à soupe d'huile d'arachide
4 morceaux de poulet
30 ml/2 cuillères à soupe de sauce soja
120 ml/4 fl oz/½ tasse de vin de riz ou de xérès sec
30 ml/2 cuillères à soupe de miel
5 ml/1 cuillère à café de sel

1 oignon nouveau (oignon vert), haché
1 tranche de racine de gingembre, hachée finement

Faites chauffer l'huile et faites frire le poulet jusqu'à ce qu'il soit doré de tous les côtés. Égoutter l'excès d'huile. Mélangez le reste des ingrédients et versez-les dans la poêle. Porter à ébullition, couvrir et laisser mijoter environ 40 minutes jusqu'à ce que le poulet soit bien cuit.

Poulet Kung Pao

Pour 4 personnes
450 g/1 lb de poulet, en cubes
1 blanc d'oeuf
5 ml/1 cuillère à café de sel
30 ml/2 cuillères à soupe de farine de maïs (amidon de maïs)
60 ml/4 cuillères à soupe d'huile d'arachide
25 g/1 oz de piments rouges séchés, parés
5 ml/1 cuillère à café d'ail émincé
15 ml/1 cuillère à soupe de sauce soja
15 ml/1 cuillère à soupe de vin de riz ou de xérès sec 5 ml/1 cuillère à café de sucre
5 ml/1 cuillère à café de vinaigre de vin
5 ml/1 cuillère à café d'huile de sésame
30 ml/2 cuillères à soupe d'eau

Placer le poulet dans un bol avec le blanc d'œuf, le sel et la moitié de la maïzena et laisser mariner 30 minutes. Faites chauffer l'huile et faites revenir le poulet jusqu'à ce qu'il soit légèrement doré, puis retirez-le de la poêle. Réchauffez l'huile et faites revenir les piments et l'ail pendant 2 minutes. Remettez le poulet dans la poêle avec la sauce soja, le vin ou le xérès, le sucre, le vinaigre de vin et l'huile de sésame et faites sauter pendant 2 minutes. Mélangez le reste de maïzena avec l'eau, mélangez-le dans la casserole et laissez mijoter en remuant jusqu'à ce que la sauce soit claire et épaissie.

Poulet aux Poireaux

Pour 4 personnes

30 ml/2 cuillères à soupe d'huile d'arachide
5 ml/1 cuillère à café de sel
225 g/8 oz de poireaux, tranchés
1 tranche de racine de gingembre, hachée
225 g/8 oz de poulet, tranché finement
15 ml/1 cuillère à soupe de vin de riz ou de xérès sec
15 ml/1 cuillère à soupe de sauce soja

Faites chauffer la moitié de l'huile et faites revenir le sel et les poireaux jusqu'à ce qu'ils soient légèrement dorés puis retirez-les de la poêle. Faites chauffer le reste de l'huile et faites revenir le gingembre et le poulet jusqu'à ce qu'ils soient légèrement dorés. Ajoutez le vin ou le xérès et la sauce soja et faites revenir encore 2 minutes jusqu'à ce que le poulet soit cuit. Remettez les poireaux dans la poêle et mélangez jusqu'à ce qu'ils soient bien chauds. Servir immédiatement.

Poulet au citron

Pour 4 personnes

4 poitrines de poulet désossées

2 oeufs

50 g/2 oz/½ tasse de farine de maïs (amidon de maïs)

50 g/2 oz/½ tasse de farine nature (tout usage)

150 ml/¼ pt/généreuse ½ tasse d'eau

huile d'arachide (cacahuète) pour la friture

250 ml/8 fl oz/1 tasse de bouillon de poulet

60 ml/5 cuillères à soupe de jus de citron

30 ml/2 cuillères à soupe de vin de riz ou de xérès sec

30 ml/2 cuillères à soupe de farine de maïs (amidon de maïs)
30 ml/2 cuillères à soupe de purée de tomates (pâte)
1 laitue pommée

Coupez chaque poitrine de poulet en 4 morceaux. Battez les œufs, la maïzena et la farine ordinaire en ajoutant juste assez d'eau pour obtenir une pâte épaisse. Placez les morceaux de poulet dans la pâte et remuez jusqu'à ce qu'ils soient bien enrobés. Faites chauffer l'huile et faites frire le poulet jusqu'à ce qu'il soit doré et bien cuit.

Pendant ce temps, mélangez le bouillon, le jus de citron, le vin ou le xérès, la maïzena et la purée de tomates et faites chauffer doucement en remuant jusqu'à ébullition. Laisser mijoter doucement, en remuant continuellement, jusqu'à ce que la sauce épaississe et clair. Disposez le poulet sur une assiette de service chaude sur un lit de feuilles de laitue et versez-le sur la sauce ou servez-le séparément.

Sauté de poulet au citron

Pour 4 personnes

450 g/1 lb de poulet désossé, tranché
30 ml/2 cuillères à soupe de jus de citron
15 ml/1 cuillère à soupe de sauce soja
15 ml/1 cuillère à soupe de vin de riz ou de xérès sec
30 ml/2 cuillères à soupe de farine de maïs (amidon de maïs)
30 ml/2 cuillères à soupe d'huile d'arachide
2,5 ml/½ cuillère à café de sel
2 gousses d'ail, écrasées
50 g de châtaignes d'eau coupées en lanières

50 g de pousses de bambou coupées en lanières

quelques feuilles chinoises coupées en lanières

60 ml/4 cuillères à soupe de bouillon de poulet

15 ml/1 cuillère à soupe de purée de tomates (pâte)

15 ml/1 cuillère à soupe de sucre

15 ml/1 cuillère à soupe de jus de citron

Placer le poulet dans un bol. Mélangez le jus de citron, la sauce soja, le vin ou le xérès et 15 ml/1 cuillère à soupe de maïzena, versez sur le poulet et laissez mariner 1 heure en retournant de temps en temps.

Faites chauffer l'huile, le sel et l'ail jusqu'à ce que l'ail soit légèrement doré, puis ajoutez le poulet et la marinade et faites sauter pendant environ 5 minutes jusqu'à ce que le poulet soit légèrement doré. Ajoutez les châtaignes d'eau, les pousses de bambou et les feuilles de Chine et faites sauter encore 3 minutes ou jusqu'à ce que le poulet soit juste cuit. Ajouter le reste des ingrédients et faire sauter pendant environ 3 minutes jusqu'à ce que la sauce soit claire et épaissie.

Foies de poulet aux pousses de bambou

Pour 4 personnes

225 g/8 oz de foies de poulet, tranchés épaissement

45 ml/3 cuillères à soupe de vin de riz ou de xérès sec
45 ml/3 cuillères à soupe d'huile d'arachide
15 ml/1 cuillère à soupe de sauce soja
100 g/4 oz de pousses de bambou, tranchées
100 g/4 oz de châtaignes d'eau, tranchées
60 ml/4 cuillères à soupe de bouillon de poulet
sel et poivre fraîchement moulu

Mélangez les foies de volaille avec le vin ou le xérès et laissez reposer 30 minutes. Faites chauffer l'huile et faites frire les foies de poulet jusqu'à ce qu'ils soient légèrement dorés. Ajouter la marinade, la sauce soja, les pousses de bambou, les châtaignes d'eau et le bouillon. Porter à ébullition et assaisonner de sel et de poivre. Couvrir et laisser mijoter environ 10 minutes jusqu'à tendreté.

Foies de poulet frits

Pour 4 personnes

450 g/1 lb de foies de poulet, coupés en deux
50 g/2 oz/½ tasse de farine de maïs (amidon de maïs)
huile pour friture

Séchez les foies de poulet puis saupoudrez-les de maïzena en secouant l'excédent. Faites chauffer l'huile et faites frire les foies de poulet pendant quelques minutes jusqu'à ce qu'ils soient dorés et bien cuits. Égoutter sur du papier absorbant avant de servir.

Foies de volaille au mange-tout

Pour 4 personnes

225 g/8 oz de foies de poulet, tranchés épaissement
10 ml/2 cuillères à café de farine de maïs (amidon de maïs)
10 ml/2 cuillères à café de vin de riz ou de xérès sec
15 ml/1 cuillère à soupe de sauce soja
45 ml/3 cuillères à soupe d'huile d'arachide
2,5 ml/½ cuillère à café de sel
2 tranches de racine de gingembre, hachées

100 g de mangetout (pois mange-tout)
10 ml/2 cuillères à café de farine de maïs (amidon de maïs)
60 ml/4 cuillères à soupe d'eau

Placer les foies de volaille dans un bol. Ajouter la maïzena, le vin ou le xérès et la sauce soja et bien mélanger pour bien enrober. Faites chauffer la moitié de l'huile et faites revenir le sel et le gingembre jusqu'à ce qu'ils soient légèrement dorés. Ajouter le mangetout et faire sauter jusqu'à ce qu'il soit bien enrobé d'huile, puis retirer de la poêle. Faites chauffer le reste de l'huile et faites frire les foies de poulet pendant 5 minutes jusqu'à ce qu'ils soient bien cuits. Mélangez la maïzena et l'eau pour obtenir une pâte, mélangez-la dans la casserole et laissez mijoter en remuant jusqu'à ce que la sauce soit claire et épaissie. Remettez le mangetout dans la poêle et laissez mijoter jusqu'à ce qu'il soit bien chaud.

Foies de poulet avec crêpes aux nouilles

Pour 4 personnes
30 ml/2 cuillères à soupe d'huile d'arachide
1 oignon, tranché
450 g/1 lb de foies de poulet, coupés en deux
2 branches de céleri, tranchées
120 ml/4 fl oz/½ tasse de bouillon de poulet

15 ml/1 cuillère à soupe de farine de maïs (amidon de maïs)

15 ml/1 cuillère à soupe de sauce soja

30 ml/2 cuillères à soupe d'eau

crêpe aux nouilles

Faites chauffer l'huile et faites revenir l'oignon jusqu'à ce qu'il soit ramolli. Ajouter les foies de poulet et faire sauter jusqu'à coloration. Ajoutez le céleri et faites sauter pendant 1 minute. Ajouter le bouillon, porter à ébullition, couvrir et laisser mijoter 5 minutes. Mélangez la maïzena, la sauce soja et l'eau pour obtenir une pâte, mélangez-la dans la poêle et laissez mijoter en remuant jusqu'à ce que la sauce soit claire et épaissie. Versez le mélange sur la crêpe aux nouilles et servez.

Foies de poulet à la sauce aux huîtres

Pour 4 personnes

45 ml/3 cuillères à soupe d'huile d'arachide

1 oignon, haché

225 g/8 oz de foies de poulet, coupés en deux

100 g/4 oz de champignons, tranchés
30 ml/2 cuillères à soupe de sauce aux huîtres
15 ml/1 cuillère à soupe de sauce soja
15 ml/1 cuillère à soupe de vin de riz ou de xérès sec
120 ml/4 fl oz/½ tasse de bouillon de poulet
5 ml/1 cuillère à café de sucre
15 ml/1 cuillère à soupe de farine de maïs (amidon de maïs)
45 ml/3 cuillères à soupe d'eau

Faites chauffer la moitié de l'huile et faites revenir l'oignon jusqu'à ce qu'il soit ramolli. Ajouter les foies de volaille et les faire revenir jusqu'à ce qu'ils soient à peine colorés. Ajoutez les champignons et faites revenir 2 minutes. Mélangez la sauce d'huîtres, la sauce soja, le vin ou le xérès, le bouillon et le sucre, versez-le dans la casserole et portez à ébullition en remuant. Mélangez la maïzena et l'eau pour obtenir une pâte, ajoutez-la à la poêle et laissez mijoter en remuant jusqu'à ce que la sauce soit claire et épaissie et que les foies soient tendres.

Foies de poulet à l'ananas

Pour 4 personnes
225 g/8 oz de foies de poulet, coupés en deux
45 ml/3 cuillères à soupe d'huile d'arachide
30 ml/2 cuillères à soupe de sauce soja

15 ml/1 cuillère à soupe de farine de maïs (amidon de maïs)
15 ml/1 cuillère à soupe de sucre
15 ml/1 cuillère à soupe de vinaigre de vin
sel et poivre fraîchement moulu
100 g de morceaux d'ananas
60 ml/4 cuillères à soupe de bouillon de poulet

Blanchir les foies de volaille dans l'eau bouillante pendant 30 secondes puis les égoutter. Faites chauffer l'huile et faites revenir les foies de volaille pendant 30 secondes. Mélangez la sauce soja, la maïzena, le sucre, le vinaigre de vin, le sel et le poivre, versez dans la poêle et remuez bien pour enrober les foies de volaille. Ajoutez les morceaux d'ananas et le bouillon et faites sauter pendant environ 3 minutes jusqu'à ce que les foies soient cuits.

Foies de poulet aigre-doux

Pour 4 personnes

30 ml/2 cuillères à soupe d'huile d'arachide
450 g/1 lb de foies de poulet, coupés en quartiers

2 poivrons verts, coupés en morceaux

4 tranches d'ananas en conserve, coupées en morceaux

60 ml/4 cuillères à soupe de bouillon de poulet

30 ml/2 cuillères à soupe de farine de maïs (amidon de maïs)

10 ml/2 cuillères à café de sauce soja

100 g/4 oz/½ tasse de sucre

120 ml/4 fl oz/½ tasse de vinaigre de vin

120 ml/4 fl oz/½ tasse d'eau

Faites chauffer l'huile et faites frire les foies jusqu'à ce qu'ils soient légèrement dorés, puis transférez-les dans un plat de service chaud. Ajouter les poivrons dans la poêle et faire revenir 3 minutes. Ajouter l'ananas et le bouillon, porter à ébullition, couvrir et laisser mijoter 15 minutes. Mélangez le reste des ingrédients pour obtenir une pâte, mélangez dans la poêle et laissez mijoter en remuant jusqu'à ce que la sauce épaississe. Verser sur les foies de volaille et servir.

Poulet aux litchis

Pour 4 personnes

3 poitrines de poulet

60 ml/4 cuillères à soupe de farine de maïs (amidon de maïs)
45 ml/3 cuillères à soupe d'huile d'arachide
5 oignons nouveaux (oignons verts), tranchés
1 poivron rouge, coupé en morceaux
120 ml/4 fl oz/½ tasse de sauce tomate
120 ml/4 fl oz/½ tasse de bouillon de poulet
5 ml/1 cuillère à café de sucre
275 g de litchis pelés

Coupez les poitrines de poulet en deux, retirez et jetez les os et la peau. Coupez chaque poitrine en 6. Réservez 5 ml/1 cuillère à café de maïzena et mélangez le poulet avec le reste jusqu'à ce qu'il soit bien enrobé. Faites chauffer l'huile et faites sauter le poulet pendant environ 8 minutes jusqu'à ce qu'il soit doré. Ajoutez les oignons nouveaux et le poivre et faites sauter pendant 1 minute. Mélangez la sauce tomate, la moitié du bouillon et le sucre et incorporez-la au wok avec les litchis. Porter à ébullition, couvrir et laisser mijoter environ 10 minutes jusqu'à ce que le poulet soit bien cuit. Mélangez la maïzena réservée et le bouillon, puis incorporez-le dans la poêle. Laisser mijoter en remuant jusqu'à ce que la sauce soit claire et épaissie.

Poulet à la sauce litchi

Pour 4 personnes

225 g de poulet

1 oignon nouveau (oignon vert)

4 châtaignes d'eau

30 ml/2 cuillères à soupe de farine de maïs (amidon de maïs)

45 ml/3 cuillères à soupe de sauce soja

30 ml/2 cuillères à soupe de vin de riz ou de xérès sec

2 blancs d'œufs

huile pour friture

400 g de litchis en conserve au sirop

5 cuillères à soupe de bouillon de poulet

Hachez (hachez) le poulet avec la ciboule et les châtaignes d'eau. Mélangez la moitié de la maïzena, 30 ml/2 cuillères à soupe de sauce soja, le vin ou le xérès et les blancs d'œufs. Façonnez le mélange en boules de la taille d'une noix. Faites chauffer l'huile et faites frire le poulet jusqu'à ce qu'il soit doré. Égoutter sur du papier absorbant.

Pendant ce temps, faites chauffer doucement le sirop de litchi avec le bouillon et la sauce soja réservée. Mélangez le reste de maïzena avec un peu d'eau, mélangez-le dans la casserole et laissez mijoter en remuant jusqu'à ce que la sauce soit claire et épaissie. Incorporer les litchis et laisser mijoter doucement pour bien réchauffer. Disposez le poulet sur une assiette de service chaude, versez dessus les litchis et la sauce et servez aussitôt.

Poulet au Mange-tout

Pour 4 personnes

225 g/8 oz de poulet, tranché finement
5 ml/1 cuillère à café de farine de maïs (amidon de maïs)
5 ml/1 cuillère à café de vin de riz ou de xérès sec
5 ml/1 cuillère à café d'huile de sésame
1 blanc d'oeuf légèrement battu
45 ml/3 cuillères à soupe d'huile d'arachide
1 gousse d'ail, écrasée
1 tranche de racine de gingembre, hachée
100 g de mangetout (pois mange-tout)
120 ml/4 fl oz/½ tasse de bouillon de poulet
sel et poivre fraîchement moulu

Mélangez le poulet avec la maïzena, le vin ou le xérès, l'huile de sésame et le blanc d'œuf. Faites chauffer la moitié de l'huile et faites revenir l'ail et le gingembre jusqu'à ce qu'ils soient légèrement dorés. Ajoutez le poulet et faites-le frire jusqu'à ce qu'il soit doré, puis retirez-le de la poêle. Faites chauffer le reste de l'huile et faites revenir le mangetout pendant 2 minutes. Ajoutez le bouillon, portez à ébullition, couvrez et laissez mijoter 2 minutes. Remettez le poulet dans la poêle et assaisonnez de sel et de poivre. Laisser mijoter doucement jusqu'à ce que le tout soit bien chaud.

Poulet aux mangues

Pour 4 personnes

100 g/4 oz/1 tasse de farine nature (tout usage)
250 ml/8 fl oz/1 tasse d'eau
2,5 ml/½ cuillère à café de sel
pincée de levure chimique
3 poitrines de poulet
huile pour friture
1 tranche de racine de gingembre, hachée
150 ml/¼ pt/généreuse ½ tasse de bouillon de poulet
45 ml/3 cuillères à soupe de vinaigre de vin
45 ml/3 cuillères à soupe de vin de riz ou de xérès sec
20 ml/4 cuillères à café de sauce soja
10 ml/2 cuillères à café de sucre
10 ml/2 cuillères à café de farine de maïs (amidon de maïs)
5 ml/1 cuillère à café d'huile de sésame
5 oignons nouveaux (oignons verts), tranchés
400 g de mangues en conserve, égouttées et coupées en lanières

Mélanger ensemble la farine, l'eau, le sel et la levure chimique. Laisser reposer 15 minutes. Retirez et jetez la peau et les os du poulet. Coupez le poulet en fines lanières. Mélangez-les au mélange de farine. Faites chauffer l'huile et faites frire le poulet pendant environ 5 minutes jusqu'à ce qu'il soit doré. Retirer de la poêle et égoutter sur du papier absorbant. Retirez tout l'huile du wok sauf 15 ml/1 cuillère à soupe et faites sauter le gingembre jusqu'à ce qu'il soit légèrement doré. Mélangez le bouillon avec le vinaigre de vin, le vin ou le xérès, la sauce soja, le sucre, la maïzena et l'huile de sésame. Ajouter à la casserole et porter à ébullition en remuant. Ajouter les oignons nouveaux et laisser mijoter 3 minutes. Ajouter le poulet et les mangues et laisser mijoter en remuant pendant 2 minutes.

Melon farci au poulet

Pour 4 personnes

350 g de viande de poulet
6 châtaignes d'eau
2 pétoncles décortiqués
4 tranches de racine de gingembre
5 ml/1 cuillère à café de sel
15 ml/1 cuillère à soupe de sauce soja
600 ml/1 pt/2½ tasses de bouillon de poulet
8 petits ou 4 melons cantaloup moyens

Hachez finement le poulet, les châtaignes, les Saint-Jacques et le gingembre et mélangez-les avec le sel, la sauce soja et le bouillon. Coupez le dessus des melons et retirez les graines. Dentelez les bords supérieurs. Remplissez les melons avec le mélange de poulet et placez-les sur une grille dans un cuiseur vapeur. Cuire à la vapeur sur de l'eau bouillante pendant 40 minutes jusqu'à ce que le poulet soit cuit.

Sauté de poulet et champignons

Pour 4 personnes

45 ml/3 cuillères à soupe d'huile d'arachide

1 gousse d'ail, écrasée

1 oignon nouveau (oignon vert), haché

1 tranche de racine de gingembre, hachée

225 g/8 oz de poitrine de poulet, coupée en lamelles

225 g de champignons de Paris

45 ml/3 cuillères à soupe de sauce soja

15 ml/1 cuillère à soupe de vin de riz ou de xérès sec

5 ml/1 cuillère à café de farine de maïs (amidon de maïs)

Faites chauffer l'huile et faites revenir l'ail, l'oignon nouveau et le gingembre jusqu'à ce qu'ils soient légèrement dorés. Ajoutez le poulet et faites sauter pendant 5 minutes. Ajoutez les champignons et faites sauter pendant 3 minutes. Ajoutez la sauce soja, le vin ou le xérès et la maïzena et faites sauter pendant environ 5 minutes jusqu'à ce que le poulet soit bien cuit.

Poulet aux Champignons et Cacahuètes

Pour 4 personnes

30 ml/2 cuillères à soupe d'huile d'arachide

2 gousses d'ail, écrasées

1 tranche de racine de gingembre, hachée

450 g/1 lb de poulet désossé, coupé en cubes

225 g de champignons de Paris

100 g/4 oz de pousses de bambou, coupées en lanières

1 poivron vert, coupé en cubes

1 poivron rouge, coupé en cubes

250 ml/8 fl oz/1 tasse de bouillon de poulet

30 ml/2 cuillères à soupe de vin de riz ou de xérès sec

15 ml/1 cuillère à soupe de sauce soja

15 ml/1 cuillère à soupe de sauce tabasco

30 ml/2 cuillères à soupe de farine de maïs (amidon de maïs)

30 ml/2 cuillères à soupe d'eau

Faites chauffer l'huile, l'ail et le gingembre jusqu'à ce que l'ail soit légèrement doré. Ajouter le poulet et faire sauter jusqu'à ce qu'il soit légèrement doré. Ajoutez les champignons, les pousses de bambou et les poivrons et faites sauter pendant 3 minutes. Ajouter le bouillon, le vin ou le xérès, la sauce soja et la sauce tabasco et porter à ébullition en remuant. Couvrir et laisser mijoter environ 10 minutes jusqu'à ce que le poulet soit bien cuit. Mélangez la maïzena et l'eau et incorporez-les à la sauce. Laisser mijoter en remuant jusqu'à ce que la sauce soit claire et épaissie, en ajoutant un peu plus de bouillon ou d'eau si la sauce est trop épaisse.

Poulet Sauté aux Champignons

Pour 4 personnes

6 champignons chinois séchés
1 poitrine de poulet, tranchée finement
1 tranche de racine de gingembre, hachée
2 oignons nouveaux (oignons verts), émincés
15 ml/1 cuillère à soupe de farine de maïs (amidon de maïs)
15 ml/1 cuillère à soupe de vin de riz ou de xérès sec
30 ml/2 cuillères à soupe d'eau
2,5 ml/½ cuillère à café de sel
45 ml/3 cuillères à soupe d'huile d'arachide
225 g/8 oz de champignons, tranchés
100 g/4 oz de germes de soja
15 ml/1 cuillère à soupe de sauce soja
5 ml/1 cuillère à café de sucre
120 ml/4 fl oz/½ tasse de bouillon de poulet

Faites tremper les champignons dans l'eau tiède pendant 30 minutes puis égouttez-les. Jetez les tiges et coupez les chapeaux. Placer le poulet dans un bol. Mélangez le gingembre, les oignons nouveaux, la maïzena, le vin ou le xérès, l'eau et le sel, incorporez au poulet et laissez reposer 1 heure. Faites chauffer la moitié de l'huile et faites sauter le poulet jusqu'à ce qu'il soit légèrement doré, puis retirez-le de la poêle. Faites chauffer le reste de l'huile et faites revenir les champignons séchés et frais ainsi que les germes de soja pendant 3 minutes. Ajouter la sauce soja, le sucre et le bouillon, porter à ébullition, couvrir et laisser mijoter 4 minutes jusqu'à ce que les légumes soient juste tendres. Remettez le poulet dans la poêle, remuez bien et réchauffez doucement avant de servir.

Poulet cuit à la vapeur et aux champignons

Pour 4 personnes

4 morceaux de poulet
30 ml/2 cuillères à soupe de farine de maïs (amidon de maïs)
30 ml/2 cuillères à soupe de sauce soja
3 oignons nouveaux (oignons verts), hachés
2 tranches de racine de gingembre, hachées
2,5 ml/½ cuillère à café de sel

100 g/4 oz de champignons, tranchés

Coupez les morceaux de poulet en morceaux de 5 cm et placez-les dans un bol allant au four. Mélangez la maïzena et la sauce soja pour obtenir une pâte, incorporez les oignons nouveaux, le gingembre et le sel et mélangez bien avec le poulet. Incorporer délicatement les champignons. Placez le bol sur une grille dans un cuiseur vapeur, couvrez et faites cuire à la vapeur sur de l'eau bouillante pendant environ 35 minutes jusqu'à ce que le poulet soit tendre.

Poulet aux oignons

Pour 4 personnes

60 ml/4 cuillères à soupe d'huile d'arachide

2 oignons, hachés

450 g/1 lb de poulet, tranché

30 ml/2 cuillères à soupe de vin de riz ou de xérès sec

250 ml/8 fl oz/1 tasse de bouillon de poulet

45 ml/3 cuillères à soupe de sauce soja

30 ml/2 cuillères à soupe de farine de maïs (amidon de maïs)

45 ml/3 cuillères à soupe d'eau

Faites chauffer l'huile et faites revenir les oignons jusqu'à ce qu'ils soient légèrement dorés. Ajouter le poulet et faire revenir jusqu'à ce qu'il soit légèrement doré. Ajoutez le vin ou le xérès, le bouillon et la sauce soja, portez à ébullition, couvrez et laissez mijoter 25 minutes jusqu'à ce que le poulet soit tendre. Mélangez la maïzena et l'eau pour obtenir une pâte, mélangez-la dans la casserole et laissez mijoter en remuant jusqu'à ce que la sauce soit claire et épaissie.

Poulet à l'orange et au citron

Pour 4 personnes

350 g de viande de poulet, coupée en lanières

30 ml/2 cuillères à soupe d'huile d'arachide

2 gousses d'ail, écrasées

2 tranches de racine de gingembre, hachées

zeste râpé d'une ½ orange

le zeste râpé d'un demi citron

45 ml/3 cuillères à soupe de jus d'orange

45 ml/3 cuillères à soupe de jus de citron

15 ml/1 cuillère à soupe de sauce soja

3 oignons nouveaux (oignons verts), hachés

15 ml/1 cuillère à soupe de farine de maïs (amidon de maïs)
45 ml/1 cuillère à soupe d'eau

Blanchissez le poulet dans l'eau bouillante pendant 30 secondes puis égouttez-le. Faites chauffer l'huile et faites revenir l'ail et le gingembre pendant 30 secondes. Ajoutez le zeste et le jus d'orange et de citron, la sauce soja et les oignons nouveaux et faites sauter pendant 2 minutes. Ajouter le poulet et laisser mijoter quelques minutes jusqu'à ce que le poulet soit tendre. Mélangez la maïzena et l'eau pour obtenir une pâte, mélangez dans la casserole et laissez mijoter en remuant jusqu'à ce que la sauce épaississe.

Poulet à la sauce aux huîtres

Pour 4 personnes

30 ml/2 cuillères à soupe d'huile d'arachide
1 gousse d'ail, écrasée
1 tranche de gingembre finement hachée
450 g/1 lb de poulet, tranché
250 ml/8 fl oz/1 tasse de bouillon de poulet
30 ml/2 cuillères à soupe de sauce aux huîtres
15 ml/1 cuillère à soupe de vin de riz ou de xérès
5 ml/1 cuillère à café de sucre

Faites chauffer l'huile avec l'ail et le gingembre et faites-les revenir jusqu'à ce qu'ils soient légèrement dorés. Ajouter le poulet et faire sauter pendant environ 3 minutes jusqu'à ce qu'il soit légèrement doré. Ajouter le bouillon, la sauce aux huîtres, le vin ou le xérès et le sucre, porter à ébullition en remuant, puis couvrir et laisser mijoter environ 15 minutes, en remuant de temps en temps, jusqu'à ce que le poulet soit bien cuit. Retirez le couvercle et poursuivez la cuisson en remuant pendant environ 4 minutes jusqu'à ce que la sauce ait réduit et épaissi.

Colis de poulet

Pour 4 personnes

225 g de poulet
30 ml/2 cuillères à soupe de vin de riz ou de xérès sec
30 ml/2 cuillères à soupe de sauce soja
papier ciré ou papier sulfurisé
30 ml/2 cuillères à soupe d'huile d'arachide
huile pour friture

Coupez le poulet en cubes de 5 cm. Mélangez le vin ou le xérès et la sauce soja, versez sur le poulet et remuez bien. Couvrir et laisser reposer 1 heure en remuant de temps en temps. Coupez le papier en carrés de 10 cm et badigeonnez d'huile. Bien égoutter le poulet. Placez un morceau de papier sur la surface de travail avec un coin pointé vers vous. Placez un morceau de poulet sur le carré juste en dessous du centre, repliez le coin inférieur et repliez-le à nouveau pour envelopper le poulet. Pliez les côtés puis rabattez le coin supérieur pour sécuriser le colis. Faites chauffer l'huile et faites frire les parcelles de poulet pendant environ 5 minutes jusqu'à ce qu'elles soient cuites. Servir chaud dans les colis pour que les convives puissent s'ouvrir eux-mêmes.

Poulet aux cacahuètes

Pour 4 personnes

225 g/8 oz de poulet, tranché finement
1 blanc d'oeuf légèrement battu
10 ml/2 cuillères à café de farine de maïs (amidon de maïs)
45 ml/3 cuillères à soupe d'huile d'arachide
1 gousse d'ail, écrasée
1 tranche de racine de gingembre, hachée
2 poireaux, hachés

30 ml/2 cuillères à soupe de sauce soja
15 ml/1 cuillère à soupe de vin de riz ou de xérès sec
100 g de cacahuètes grillées

Mélangez le poulet avec le blanc d'œuf et la maïzena jusqu'à ce qu'il soit bien enrobé. Faites chauffer la moitié de l'huile et faites sauter le poulet jusqu'à ce qu'il soit doré, puis retirez-le de la poêle. Faites chauffer le reste de l'huile et faites revenir l'ail et le gingembre jusqu'à ce qu'ils soient ramollis. Ajouter les poireaux et faire revenir jusqu'à ce qu'ils soient légèrement dorés. Incorporer la sauce soja et le vin ou le xérès et laisser mijoter pendant 3 minutes. Remettez le poulet dans la poêle avec les cacahuètes et laissez mijoter doucement jusqu'à ce qu'il soit bien chaud.

Poulet au beurre de cacahuète

Pour 4 personnes

4 poitrines de poulet, coupées en dés
sel et poivre fraîchement moulu
5 ml/1 cuillère à café de poudre aux cinq épices
45 ml/3 cuillères à soupe d'huile d'arachide
1 oignon, coupé en dés

2 carottes, coupées en dés

1 branche de céleri, coupée en dés

300 ml/½ pt/1¼ tasse de bouillon de poulet

10 ml/2 cuillères à café de purée de tomates (pâte)

100 g de beurre de cacahuète

15 ml/1 cuillère à soupe de sauce soja

10 ml/2 cuillères à café de farine de maïs (amidon de maïs)

pincée de cassonade

15 ml/1 cuillère à soupe de ciboulette hachée

Assaisonnez le poulet avec du sel, du poivre et de la poudre aux cinq épices. Faites chauffer l'huile et faites sauter le poulet jusqu'à ce qu'il soit tendre. Retirer de la poêle. Ajouter les légumes et faire revenir jusqu'à ce qu'ils soient tendres mais encore croustillants. Mélangez le bouillon avec le reste des ingrédients sauf la ciboulette, mélangez dans la casserole et portez à ébullition. Remettez le poulet dans la poêle et réchauffez-le en remuant. Servir saupoudré de sucre.

Poulet aux petits pois

Pour 4 personnes

60 ml/4 cuillères à soupe d'huile d'arachide

1 oignon, haché

450 g/1 lb de poulet, coupé en dés

sel et poivre fraîchement moulu
100 g de petits pois
2 branches de céleri, hachées
100 g/4 oz de champignons, hachés
250 ml/8 fl oz/1 tasse de bouillon de poulet
15 ml/1 cuillère à soupe de farine de maïs (amidon de maïs)
15 ml/1 cuillère à soupe de sauce soja
60 ml/4 cuillères à soupe d'eau

Faites chauffer l'huile et faites revenir l'oignon jusqu'à ce qu'il soit légèrement doré. Ajouter le poulet et faire revenir jusqu'à ce qu'il soit coloré. Assaisonnez de sel et de poivre, ajoutez les petits pois, le céleri et les champignons et remuez bien. Ajoutez le bouillon, portez à ébullition, couvrez et laissez mijoter 15 minutes. Mélangez la maïzena, la sauce soja et l'eau pour obtenir une pâte, mélangez-la dans la poêle et laissez mijoter en remuant jusqu'à ce que la sauce soit claire et épaissie.

Poulet de Pékin

Pour 4 personnes
4 portions de poulet
sel et poivre fraîchement moulu

5 ml/1 cuillère à café de sucre
1 oignon nouveau (oignon vert), haché
1 tranche de racine de gingembre, hachée
15 ml/1 cuillère à soupe de sauce soja
15 ml/1 cuillère à soupe de vin de riz ou de xérès sec
15 ml/1 cuillère à soupe de farine de maïs (amidon de maïs)
huile pour friture

Placez les portions de poulet dans un bol peu profond et saupoudrez de sel et de poivre. Mélangez le sucre, la ciboule, le gingembre, la sauce soja et le vin ou le xérès, incorporez-en le poulet, couvrez et laissez mariner 3 heures. Égouttez le poulet et saupoudrez-le de maïzena. Faites chauffer l'huile et faites frire le poulet jusqu'à ce qu'il soit doré et bien cuit. Bien égoutter avant de servir.

Poulet aux poivrons

Pour 4 personnes

60 ml/4 cuillères à soupe de sauce soja
45 ml/3 cuillères à soupe de vin de riz ou de xérès sec
45 ml/3 cuillères à soupe de farine de maïs (amidon de maïs)

450 g/1 lb de poulet, émincé (haché)
60 ml/4 cuillères à soupe d'huile d'arachide
2,5 ml/½ cuillère à café de sel
2 gousses d'ail, écrasées
2 poivrons rouges, coupés en cubes
1 poivron vert, coupé en cubes
5 ml/1 cuillère à café de sucre
300 ml/½ pt/1¼ tasse de bouillon de poulet

Mélangez la moitié de la sauce soja, la moitié du vin ou du xérès et la moitié de la maïzena. Versez sur le poulet, remuez bien et laissez mariner au moins 1 heure. Faites chauffer la moitié de l'huile avec le sel et l'ail jusqu'à ce que l'ail soit légèrement doré. Ajoutez le poulet et la marinade et faites sauter pendant environ 4 minutes jusqu'à ce que le poulet devienne blanc, puis retirez-le de la poêle. Ajoutez le reste de l'huile dans la poêle et faites revenir les poivrons pendant 2 minutes. Ajoutez le sucre dans la poêle avec le reste de la sauce soja, le vin ou le xérès et la maïzena et mélangez bien. Ajouter le bouillon, porter à ébullition puis laisser mijoter en remuant jusqu'à ce que la sauce épaississe. Remettez le poulet dans la poêle, couvrez et laissez mijoter pendant 4 minutes jusqu'à ce que le poulet soit bien cuit.

Poulet Sauté aux Poivrons

Pour 4 personnes

1 poitrine de poulet, tranchée finement
2 tranches de racine de gingembre, hachées

2 oignons nouveaux (oignons verts), émincés

15 ml/1 cuillère à soupe de farine de maïs (amidon de maïs)

30 ml/2 cuillères à soupe de vin de riz ou de xérès sec

30 ml/2 cuillères à soupe d'eau

2,5 ml/½ cuillère à café de sel

45 ml/3 cuillères à soupe d'huile d'arachide

100 g/4 oz de châtaignes d'eau, tranchées

1 poivron rouge, coupé en lanières

1 poivron vert, coupé en lanières

1 poivron jaune, coupé en lanières

30 ml/2 cuillères à soupe de sauce soja

120 ml/4 fl oz/½ tasse de bouillon de poulet

Placer le poulet dans un bol. Mélangez le gingembre, les oignons nouveaux, la maïzena, le vin ou le xérès, l'eau et le sel, incorporez au poulet et laissez reposer 1 heure. Faites chauffer la moitié de l'huile et faites sauter le poulet jusqu'à ce qu'il soit légèrement doré, puis retirez-le de la poêle. Faites chauffer le reste de l'huile et faites revenir les châtaignes d'eau et les poivrons pendant 2 minutes. Ajouter la sauce soja et le bouillon, porter à ébullition, couvrir et laisser mijoter 5 minutes jusqu'à ce que les légumes soient juste tendres. Remettez le poulet dans la poêle, remuez bien et réchauffez doucement avant de servir.

Poulet et Ananas

Pour 4 personnes

30 ml/2 cuillères à soupe d'huile d'arachide
5 ml/1 cuillère à café de sel

2 gousses d'ail, écrasées

450 g/1 lb de poulet désossé, tranché finement

2 oignons, tranchés

100 g/4 oz de châtaignes d'eau, tranchées

100 g de morceaux d'ananas

30 ml/2 cuillères à soupe de vin de riz ou de xérès sec

450 ml/¾ pt/2 tasses de bouillon de poulet

5 ml/1 cuillère à café de sucre

poivre fraîchement moulu

30 ml/2 cuillères à soupe de jus d'ananas

30 ml/2 cuillères à soupe de sauce soja

30 ml/2 cuillères à soupe de farine de maïs (amidon de maïs)

Faites chauffer l'huile, le sel et l'ail jusqu'à ce que l'ail devienne légèrement doré. Ajoutez le poulet et faites sauter pendant 2 minutes. Ajoutez les oignons, les châtaignes d'eau et l'ananas et faites revenir 2 minutes. Ajoutez le vin ou le xérès, le bouillon et le sucre et assaisonnez de poivre. Portez à ébullition, couvrez et laissez mijoter 5 minutes. Mélangez le jus d'ananas, la sauce soja et la maïzena. Incorporer dans la casserole et laisser mijoter en remuant jusqu'à ce que la sauce épaississe et clair.

Poulet à l'ananas et aux litchis

Pour 4 personnes

30 ml/2 cuillères à soupe d'huile d'arachide
225 g/8 oz de poulet, tranché finement
1 tranche de racine de gingembre, hachée
15 ml/1 cuillère à soupe de sauce soja
15 ml/1 cuillère à soupe de vin de riz ou de xérès sec
200 g de morceaux d'ananas en conserve au sirop
200 g de litchis en conserve au sirop
15 ml/1 cuillère à soupe de farine de maïs (amidon de maïs)

Faites chauffer l'huile et faites frire le poulet jusqu'à ce qu'il soit légèrement coloré. Ajoutez la sauce soja et le vin ou le xérès et remuez bien. Mesurez 250 ml/8 fl oz/1 tasse du sirop mélangé d'ananas et de litchi et réservez 30 ml/2 c. Ajoutez le reste dans la poêle, portez à ébullition et laissez mijoter quelques minutes jusqu'à ce que le poulet soit tendre. Ajoutez les morceaux d'ananas et les litchis. Mélangez la maïzena avec le sirop réservé, mélangez dans la casserole et laissez mijoter en remuant jusqu'à ce que la sauce soit claire et épaissie.

Poulet au Porc

Pour 4 personnes
1 poitrine de poulet, tranchée finement
100 g/4 oz de porc maigre, tranché finement
60 ml/4 cuillères à soupe de sauce soja

15 ml/1 cuillère à soupe de farine de maïs (amidon de maïs)
1 blanc d'oeuf
45 ml/3 cuillères à soupe d'huile d'arachide
3 tranches de racine de gingembre, hachées
50 g/2 oz de pousses de bambou, tranchées
225 g/8 oz de champignons, tranchés
225 g/8 oz de feuilles chinoises, déchiquetées
120 ml/4 fl oz/½ tasse de bouillon de poulet
30 ml/2 cuillères à soupe d'eau

Mélangez le poulet et le porc. Mélangez la sauce soja, 5 ml/1 cuillère à café de maïzena et le blanc d'œuf et incorporez-les au poulet et au porc. Laisser reposer 30 minutes. Faites chauffer la moitié de l'huile et faites frire le poulet et le porc jusqu'à ce qu'ils soient légèrement dorés, puis retirez-les de la poêle. Faites chauffer le reste de l'huile et faites frire le gingembre, les pousses de bambou, les champignons et les feuilles de Chine jusqu'à ce qu'ils soient bien enrobés d'huile. Ajouter le bouillon et porter à ébullition. Remettez le mélange de poulet dans la poêle, couvrez et laissez mijoter environ 3 minutes jusqu'à ce que les viandes soient tendres. Mélangez le reste de la fécule de maïs en une pâte avec l'eau, incorporez-la à la sauce et laissez mijoter en remuant jusqu'à ce que la sauce épaississe. Servir immédiatement.

Poulet braisé aux pommes de terre

Pour 4 personnes

4 morceaux de poulet
45 ml/3 cuillères à soupe d'huile d'arachide
1 oignon, tranché
1 gousse d'ail, écrasée
2 tranches de racine de gingembre, hachées
450 ml/¾ pt/2 tasses d'eau
45 ml/3 cuillères à soupe de sauce soja
15 ml/1 cuillère à soupe de cassonade
2 pommes de terre, coupées en cubes

Coupez le poulet en morceaux de 5 cm. Faites chauffer l'huile et faites revenir l'oignon, l'ail et le gingembre jusqu'à ce qu'ils soient légèrement dorés. Ajouter le poulet et faire revenir jusqu'à ce qu'il soit légèrement doré. Ajouter l'eau et la sauce soja et porter à ébullition. Incorporer le sucre, couvrir et laisser mijoter environ 30 minutes. Ajouter les pommes de terre dans la poêle, couvrir et laisser mijoter encore 10 minutes jusqu'à ce que le poulet soit tendre et que les pommes de terre soient cuites.

Poulet aux cinq épices avec pommes de terre

Pour 4 personnes

45 ml/3 cuillères à soupe d'huile d'arachide

450 g de poulet, coupé en morceaux

sel

45 ml/3 cuillères à soupe de pâte de haricots jaunes

45 ml/3 cuillères à soupe de sauce soja

5 ml/1 cuillère à café de sucre

5 ml/1 cuillère à café de poudre aux cinq épices

1 pomme de terre, coupée en dés

450 ml/¾ pt/2 tasses de bouillon de poulet

Faites chauffer l'huile et faites sauter le poulet jusqu'à ce qu'il soit légèrement doré. Saupoudrez de sel puis incorporez la pâte de haricots, la sauce soja, le sucre et la poudre de cinq épices et faites sauter pendant 1 minute. Ajouter la pomme de terre et bien mélanger puis ajouter le bouillon, porter à ébullition, couvrir et laisser mijoter environ 30 minutes jusqu'à ce qu'elle soit tendre.

Poulet cuit au rouge

Pour 4 personnes

450 g/1 lb de poulet, tranché

120 ml/4 fl oz/½ tasse de sauce soja

15 ml/1 cuillère à soupe de sucre

2 tranches de racine de gingembre, hachées finement

90 ml/6 cuillères à soupe de bouillon de poulet

30 ml/2 cuillères à soupe de vin de riz ou de xérès sec

4 oignons nouveaux (oignons verts), tranchés

Mettez tous les ingrédients dans une casserole et portez à ébullition. Couvrir et laisser mijoter environ 15 minutes jusqu'à ce que le poulet soit bien cuit. Retirez le couvercle et laissez mijoter environ 5 minutes en remuant de temps en temps jusqu'à ce que la sauce épaississe. Servir parsemé d'oignons nouveaux.

Rissoles de poulet

Pour 4 personnes

225 g/8 oz de viande de poulet, hachée (hachée)

3 châtaignes d'eau hachées

1 oignon nouveau (oignon vert), haché

1 tranche de racine de gingembre, hachée

2 blancs d'œufs

5 ml/2 cuillères à café de sel

5 ml/1 cuillère à café de poivre fraîchement moulu

120 ml/4 fl oz/½ tasse d'huile d'arachide

5 ml/1 cuillère à café de jambon haché

Mélangez le poulet, les châtaignes, la moitié de l'oignon nouveau, le gingembre, les blancs d'œufs, le sel et le poivre. Façonner en petites boules et presser à plat. Faites chauffer l'huile et faites frire les rissoles jusqu'à ce qu'elles soient dorées, en les retournant une fois. Servir parsemé du reste de ciboule et du jambon.

Poulet Salé

Pour 4 personnes

30 ml/2 cuillères à soupe d'huile d'arachide

4 morceaux de poulet

3 oignons nouveaux (oignons verts), hachés

2 gousses d'ail, écrasées

1 tranche de racine de gingembre, hachée

120 ml/4 fl oz/½ tasse de sauce soja

30 ml/2 cuillères à soupe de vin de riz ou de xérès sec

30 ml/2 cuillères à soupe de cassonade

5 ml/1 cuillère à café de sel

375 ml/13 fl oz/1½ tasse d'eau

15 ml/1 cuillère à soupe de farine de maïs (amidon de maïs)

Faites chauffer l'huile et faites frire les morceaux de poulet jusqu'à ce qu'ils soient dorés. Ajoutez les oignons nouveaux, l'ail et le gingembre et faites revenir 2 minutes. Ajoutez la sauce soja, le vin ou le xérès, le sucre et le sel et mélangez bien. Ajouter l'eau et porter à ébullition, couvrir et laisser mijoter 40 minutes. Mélangez la maïzena avec un peu d'eau, incorporez-la à la sauce et laissez mijoter en remuant jusqu'à ce que la sauce soit claire et épaissie.

Poulet à l'huile de sésame

Pour 4 personnes

90 ml/6 cuillères à soupe d'huile d'arachide
60 ml/4 cuillères à soupe d'huile de sésame
5 tranches de racine de gingembre
4 morceaux de poulet
600 ml/1 pt/2½ tasses de vin de riz ou de xérès sec
5 ml/1 cuillère à café de sucre
sel et poivre fraîchement moulu

Faites chauffer les huiles et faites revenir le gingembre et le poulet jusqu'à ce qu'ils soient légèrement dorés. Ajoutez le vin ou le xérès et assaisonnez avec du sucre, du sel et du poivre. Porter à ébullition et laisser mijoter doucement, à découvert, jusqu'à ce que le poulet soit tendre et que la sauce ait réduit. Servir dans des bols.

Poulet au Xérès

Pour 4 personnes

30 ml/2 cuillères à soupe d'huile d'arachide

4 morceaux de poulet

120 ml/4 fl oz/½ tasse de sauce soja

500 ml/17 fl oz/2¼ tasses de vin de riz ou de xérès sec

30 ml/2 cuillères à soupe de sucre

5 ml/1 cuillère à café de sel

2 gousses d'ail, écrasées

1 tranche de racine de gingembre, hachée

Faites chauffer l'huile et faites frire le poulet jusqu'à ce qu'il soit doré de tous les côtés. Égoutter l'excès d'huile et ajouter tous les ingrédients restants. Portez à ébullition, couvrez et laissez mijoter à feu assez vif pendant 25 minutes. Réduisez le feu et laissez mijoter encore 15 minutes jusqu'à ce que le poulet soit bien cuit et que la sauce ait réduit.

Poulet à la sauce soja

Pour 4 personnes

350 g/12 oz de poulet, coupé en dés

2 oignons nouveaux (oignons verts), hachés

3 tranches de racine de gingembre, hachées

15 ml/1 cuillère à soupe de farine de maïs (amidon de maïs)

30 ml/2 cuillères à soupe de vin de riz ou de xérès sec

30 ml/2 cuillères à soupe d'eau

45 ml/3 cuillères à soupe d'huile d'arachide

60 ml/4 cuillères à soupe de sauce soja épaisse

5 ml/1 cuillère à café de sucre

Mélangez le poulet, les oignons nouveaux, le gingembre, la maïzena, le vin ou le xérès et l'eau et laissez reposer 30 minutes en remuant de temps en temps. Faites chauffer l'huile et faites sauter le poulet pendant environ 3 minutes jusqu'à ce qu'il soit légèrement doré. Ajoutez la sauce soja et le sucre et faites sauter pendant environ 1 minute jusqu'à ce que le poulet soit bien cuit et tendre.

Poulet au four épicé

Pour 4 personnes

150 ml/¼ pt/généreuse ½ tasse de sauce soja

2 gousses d'ail, écrasées

50 g/2 oz/¼ tasse de cassonade

1 oignon, finement haché

30 ml/2 cuillères à soupe de purée de tomates (pâte)

1 tranche de citron hachée

1 tranche de racine de gingembre, hachée

45 ml/3 cuillères à soupe de vin de riz ou de xérès sec

4 gros morceaux de poulet

Mélangez tous les ingrédients sauf le poulet. Disposez le poulet dans un plat allant au four, versez dessus, couvrez et laissez mariner toute la nuit en arrosant de temps en temps. Cuire le poulet dans un four préchauffé à 180°C/350°F/thermostat 4 pendant 40 minutes, en le retournant et en l'arrosant de temps en temps. Retirez le couvercle, augmentez la température du four à 200°C/400°F/thermostat 6 et poursuivez la cuisson encore 15 minutes jusqu'à ce que le poulet soit bien cuit.

www.ingramcontent.com/pod-product-compliance
Lightning Source LLC
Chambersburg PA
CBHW070359120526
44590CB00014B/1185